CLEMENS MEYER

DER UNTERGANG DER ÄKSCHN GMBH FRANKFURTER POETIKVORLESUNGEN

S. FISCHER

Erschienen bei S. FISCHER

Satz: Dörlemann Satz, Lemförde
Druck und Bindung: CPI books GmbH, Leck
Printed in Germany
ISBN 978-3-10-002423-7

Inhalt

Wer oder was ist die ÄKSCHN GMBH?

Wer oder was ist die ÄKSCHN GMBH?

Was vertreibt die ÄKSCHN GMBH? Wo residiert die ÄKSCHN GMBH? Wer vertreibt die ÄKSCHN GMBH? Wer kennt die ÄKSCHN GMBH? Was will die ÄKSCHN GMBH? Wie alt ist die ÄKSCHN GMBH? Unter welcher Flagge segelt die ÄKSCHN GMBH? Wieso gibt es die ÄKSCHN GMBH auf See und an Land? Wie weit fliegt die ÄKSCHN GMBH in die Tiefen des Alls? Wie steht die ÄKSCHN GMBH zu schwarzen Löchern? Welche Musik wird im Raumschiff der ÄKSCHN GMBH gespielt? Wer ist der Käpt'n der ÄKSCHN GMBH? Gibt es einen Käpt'n der ÄKSCHN GMBH? Wer haftet für die ÄKSCHN GMBH? Steht das GMBH in ÄKSCHN GMBH für Gesellschaft mit beschränkter Haftung, für große Monsterbüstenhalter, für Gaudi mit Bumshäschen, für Gays mit Behinderung (Moment, da fehlt das H der GMBH), für Gott mag bunte Hosenträger, für Gesellschaft mit beschränkter Haltung?

In welcher Gesellschaft befähigt sich die ÄKSCHN GMBH?

Stimmt das Gerücht, dass Adolf Hitler (A. H.) und Beate Zschäpe versucht haben, Mitglied der ÄKSCHN GMBH zu werden? Stimmt das Gerücht, dass A-HA und Helene Fischer versucht haben, Mitglied der ÄKSCHN GMBH zu werden? Stimmt es, dass A-HA (also die norwegische Popband A-HA, bekannt durch Songs wie »The Sun Always Shines on T.V.« und »Hunting High and Low«) innerhalb der ÄKSCHN GMBH eine norwegische GAY-NAZI-FRAKTION gründete, wobei es nur um den FETISCH ging und nicht um die IDEOLOGIE? Ist DES WEITEREN die ÄKSCHN GMBH schuld am SPURLOSEN VERSCHWINDEN der norwegischen Pop-Band A-HA?, weil die ÄKSCHN GMBH den schwulen Superhelden Midnighter (bekannt aus dem Comic »Midnighter«) in die falsche Vergangenheit schickte und er dort A-HA beseitigte und nicht A. H.?!

Stimmt es, dass die ÄKSCHN GMBH versucht hat, an die Original-Handschriften der Breivik-Papiere und der Zschäpe-Papiere zu gelangen, um durch Untersuchungen ihres Chefgraphologen Dr. Bronson die menschliche Hölle zu ergründen?

Durch mich geht man hinein zur Stadt der Trauer,
Durch mich geht man hinein zum ewigen Schmerze,
Durch mich geht man zu dem verlornen Volke.

Besteht der Ursprung der ÄKSCHN GMBH in der sogenannten Kolportage-Literatur? Ist die ÄKSCHN GMBH nur eine Legende? Sucht die ÄKSCHN GMBH ähnlich radikal nach Transzendenz wie der IS? Hat es die ÄKSCHN GMBH jemals gegeben? Ist die ÄKSCHN GMBH eher eine ÄKSCHN GBR? Ist die ÄKSCHN GMBH börsennotiert? War Jesus in der ÄKSCHN GMBH? Ist die ÄKSCHN GMBH konfessionell? Besitzt die ÄKSCHN GMBH eine Atombombe? War Mohammed in der ÄKSCHN GMBH? Wie kann man Mitglied der

ÄKSCHN GMBH werden? Dürfen Homosexuelle und Ausländer Mitglied der ÄKSCHN GMBH werden? Ist Jean Genet Ehrenpräsident der ÄKSCHN GMBH? War Jesus in der ÄKSCHN GMBH? Gibt es Frauen in der ÄKSCHN GMBH? Ist die Frauenbrigade der PKK eine SUPPORTERIN der ÄKSCHN GMBH? Sind die WALKÜREN Mitglied der ÄKSCHN GMBH? Erschafft die ÄKSCHN GMBH als Beitrag zur Emanzipation einen weiblichen RAMBO? (Her name is RAMBA – THE MAMBA.)

Ist die Lügenpresse verantwortlich für das Gerücht, es würde eine ÄKSCHN GMBH existieren? Besitzt die ÄKSCHN GMBH eine Zeitmaschine? Ist die Lügenpresse verantwortlich für das Gerücht, die ÄKSCHN GMBH wäre untergegangen? Versucht die ÄKSCHN GMBH, die Kunst zu vernichten, SICH SELBST ZU VERNICHTEN, 1984, um dunkle Materie zu generieren?

Warum ist Juri Gagarin Ehrenpräsident der ÄKSCHN GMBH? Warum ist THE MAN FROM MARS in der ÄKSCHN GMBH? Ist SNICKERS die Notration der ÄKSCHN GMBH?

Gab es eine trotzkistische Strömung in der ÄKSCHN GMBH? Gab es einen Stalin-Kult in der ÄKSCHN GMBH? Hat die ÄKSCHN GMBH tatsächlich eine Helmut-Kohl-Biographie finanziert? Hat die ÄKSCHN GMBH einst Dr. Putin beim KGB in Dresden eingeschleust? Warum ist Perry Rhodan der Ehrenpräsident der ÄKSCHN GMBH? Wie ist die Hierarchie innerhalb der ÄKSCHN GMBH? Gibt es eine Hierarchie innerhalb der ÄKSCHN GMBH? Ist Elvis Presley Mitglied der ÄKSCHN GMBH? Ist Freddy Mercury Mitglied der ÄKSCHN GMBH?

MUSSIDENN, MUSSIDENN SUM SCHTÄDELE HINAUS,

SCHDÄDELE HINAUS, NUR DU, MEIN SCHATZ, BLEIBST HIER. Versucht eine Splittergruppe der ÄKSCHN GMBH, Beate Zschäpe mit Hilfe einer Zeitmaschine aus ihrer Zelle aus Glas, aus ihrer Zelle aus Licht in die Zukunft zu entführen, um sie dort zur Anführerin einer nationalsozialistischen Resistance zu machen, damit diese von innen heraus vernichtet wird, weil sich alle in sie verlieben werden, Fluch der Walküre? *Oh Erde, oh Sonne, oh ihr stillen Planeten …* SOLL ICH, WEIL'S BRAUCH IST, EIN STÜCK EISEN STECKEN IN DAS NÄCHSTE FLEISCH …

Rekrutiert die ÄKSCHN GMBH transsexuelle Huren, um sie mit Bankern zu paaren und so den finanziellen Fortbestand zu sichern? Bezahlt die ÄKSCHN GMBH stets in Naturalien, weil sie kein Geld besitzt und keines besitzen will? Plant die ÄKSCHN GMBH die Pleite Europas, um in den Trümmern wieder die wahre Kunst auferstehen zu lassen? Klont die ÄKSCHN GMBH den Chansonnier Heino? Ist die ÄKSCHN GMBH eine Ansammlung von verkappten Romantikern, die das Unvollendete im Eichendorff'schen Sinne feiern?, Eichendorff, Novalis & Co. is the ÄKSCHN GMBH.

Hat die ÄKSCHN GMBH die Anwälte Sturm, Stahl und Heer vor mehr als 30 Jahren geklont? Ist die Zeitmaschine der ÄKSCHN GMBH in Wirklichkeit nur ein magischer Spiegel? Wir fallen, und was ist die Wirklichkeit?

Gehört der SAGENUMWOBENE Fortunati Glückssäckel zur ÄKSCHN GMBH?

Besteht die ÄKSCHN GMBH nur aus Old Shatterhand, Old Firehand, Old Surehand, Old Death? (Old Death ist die ÄKSCHN GMBH, die Indianer nennen Old Death Koschapehve, Old Death kaute mit Opium versetzten Kautabak, während er seinen verschollenen Bruder suchte, dessen Frau einst durch seine, Old Deaths, Schuld starb, Old Death ist ein Gerippe, das durch den Westen reitet, Old Death likes Old Shatterhand, old Knochendaumen für GERMANIAS EISENFAUST, Max Schmeling ist die ÄKSCHN GMBH, Old Death ist tot, Old Shatterhand ist niemals tot, weil er Nscho-tschi liebt, die ist tot und für ihn gestorben, IST JESUS MITGLIED DER ÄKSCHN GMBH? Old Death, Old Shatterhand, Old Surehand, Old Jesus, Old Firehand sind Mitglieder der ÄKSCHN GMBH, wer oder was ist die ÄKSCHN GMBH?)

GERMANIAS HELDEN sind Mitglied der ÄKSCHN GMBH, Siegfried & Hagen, Heckler & Koch, die Walküren aus dem Norden, die gute Edda ist die ÄKSCHN GMBH, Bertolt Brecht ruft die wahre ÄKSCHN GMBH aus, zuweilen ist die General-Feldmarschall-Rommel-Kaserne das Hauptquartier der ÄKSCHN GMBH, Heino ruft die wahre ÄKSCHN GMBH aus.

»Wenn die bunten Fahnen wehen, geht die Fahrt wohl
übers Meer.
Woll'n wir ferne Länder sehen, fällt der Abschied uns nicht
schwer.
Leuchtet die Sonne, ziehen die Wolken,
klingen die Lieder weit übers Meer.
Sonnenschein ist unsere Wonne, wie er lacht am lichten
Tag.
Doch es geht auch ohne Sonne, wenn sie mal nicht
scheinen mag.
Blasen die Stürme, brausen die Wellen,
singen wir mit dem Sturm unser Lied.

Hei, die wilden Wandervögel ziehen wieder durch die Nacht.
Singen ihre alten Lieder, dass die Welt vom Schlaf
erwacht.«

O Mensch! Gib acht! / Was sprich die tiefe Mitternacht? / »Ich schlief, ich schlief –«, / Aus tiefem Traum bin ich erwacht: –

A-HA besuchte den letzten öffentlichen Auftritt Karl Mays im Jahre 1912 in Wien; verschanzt in der Kantine der General-Feldmarschall-Rommel-Kaserne tötet die ÄKSCHN GMBH genau 100 Jahre später 2000 Nazi-Zombies, IN THE HEART OF DARKNESS, Joseph Conrad ist der Hochseekapitän der ÄKSCHN GMBH, Fluss ohne Ufer, Hans Henny Jahnn ist der Hochsee- und Binnen-Kapitän der ÄKSCHN GMBH, hat Colonel Kurtz mit einem Putsch das Kommando der ÄKSCHN GMBH übernommen?, DAS GRAUEN ist die ÄKSCHN GMBH, die Mitternacht ist die ÄKSCHN GMBH, die ÄKSCHN GMBH SCHLÄFT 100 JAHRE LANG ... Old Zwerg Nase ... OLD FIREHAND VERLIERT BEIM FEIERN SEINEN LETZTEN CENT ... Wer oder was ---

Offenbach, Hessen. O-Town.

Neubauten, Brachen, Gewerbegebiete, Supermärkte, verfallene 50er-Jahre-Flachbauten, vergammelte Grünflächen neben Trinkhallen.

An den Ecken Gangs, zwielichtige Typen, viele Ausländer. In einer Wohnung, in der eine Gang Videospiele spielt, kommt es zu einem brutalen Zugriff der Polizei von O-Town.

Ein Gangmitglied wird erschossen. Geht es um Drogen? Haben die Bullen Dreck am Stecken?

Am nächsten Tag, Freitagnachmittag: Kommissar Murot ist privat im Auto unterwegs. Im Radio wird immer wieder die Sonnenfinsternis erwähnt, die schon in wenigen Minuten beginnen soll. Kommissar Murot, fast schon in O-Town, schaut aus dem Fenster in den blauen Himmel, noch hämmert die Sonne auf die Randgebiete der Stadt.

Kommissar Murot will zu einer kleinen Polizeiwache, ein Flachbau im Niemandsland am Rand von O-Town, mitten auf einer Brachfläche aus Kies, umgeben von Kleingarten-Ruinen, pleitegegangenen Gewerbegebieten, flachen Neubauten, leerstehenden Fabriken, ein paar Siedlungen im 50er-Style, fällt schon der erste Schatten auf die Sonne? Nein, noch glüht sie auf O-Town. Neben der Wache ein kleiner Verkehrsgarten mit Ampeln, Straßenschildern, kleinen Fußgängerüberwegen, ein paar Kinder fahren auf Fahrrädern durch die schmalen Straßen. Eine Schulklasse kommt aus der Wache, ein alter Bulle in Uniform begleitet sie, er humpelt etwas. Er gibt jedem Schüler eine Infobroschüre. Die Wache ist nur ein Polizeimuseum, wird seit Jahren nicht mehr regulär genutzt. Eine junge Kollegin, eine Verkehrspolizistin, schiebt die Fahrräder zusammen. Die Kinder schmeißen die Broschüren zu Boden, spielen Krieg auf dem Weg über den Kiesplatz.

Der alte Bulle schaut ihnen hinterher. Staub weht über den Platz. Er hat eine Wanderkugel im Leib *from the good old RAF*, in der Nähe der Wirbelsäule, die sie nicht entfernen können. Manchmal kriegt er deswegen leichte Lähmungserscheinungen. *Wenn die Kugel wandert.* Er reißt hier seine letzten Jahre ab.

Im Museum gibt es keine Telefone, nur Ausstellungsstücke, Zellen aus den 60ern/70ern im Keller, uralt-Computer from the 80s. Ein paar Waffen in Vitrinen.

Kommissar Murots Auto fährt über den Kiesplatz. Die beiden kennen sich von früher.

Woanders, auch ganz in der Nähe: Ein Hipster-Vater ist mit seiner kleinen Tochter (ca. 10 Jahre) im Auto unterwegs, Berliner Kennzeichen. Sie steigen aus, wollen Club-Mate kaufen.

In den Straßen von O-Town braut sich etwas zusammen, das kann nicht nur die kurz bevorstehende Sonnenfinsternis sein, Rollläden werden runtergelassen, die Straßen leeren sich. Lange Schatten auf den Hinterhöfen, in den Seitenstraßen. Vater und Tochter gehen in einen kleinen Spätverkauf. Keiner da, gibt auch kein Club-Mate. Hinter der Verkaufstheke liegt ein Toter. Mehrere Schusswunden. Sie rennen nach draußen.

Und da sind sie: links und rechts, an beiden Enden der Straße. Gang-Typen mit Sonnenbrillen, einige Vermummte, sie halten Waffen mit langen Schalldämpfern.

Der Vater wird sofort erschossen. *Plopp-plopp. Plopp-plopp.* Der erste Schatten des Mondes fällt auf die Sonne. Sie nähern sich. Carpenter-Score. Assault, Main-Theme. *Ba-da-da-dadamm. Ba-da-da-dadamm.* Sie rennt zurück in den Laden, findet eine Knarre bei dem toten Verkäufer. Erledigt einen der Typen. Sie rennt.

Ein Gefangenentransport, ein kleiner grüner Bus nähert sich der Wache, Kommissar Murot sitzt mit dem alten Bullen an einem kleinen Plastiktisch draußen vor der Wache, die Verkehrspolizistin bringt den Verkehrsgarten auf Vordermann, sammelt die Broschüren ein. Was ist mit dem

Bus? Hat er eine Panne? Ein Reifen schlackert über den Kies des Platzes. An Bord: 4 Verbrecher, 2 Beamte.

Im Zwielicht der beginnenden Sonnenfinsternis steigen alle aus. Die Gefangenen tragen Handschellen. Einer von ihnen ist der berüchtigte Kannibale von Peine. Ein kultivierter, gebildeter Mann. (Sie sollen verlegt werden. Haben die beiden Fahrer/Wächter eine unglaubliche Scheißerei, ebenfalls verursacht vom Kannibalen, der ihnen eine Sekretmischung aus seinem Körper in den Kaffee gemischt hat, er kennt sich aus mit so was vom Verzehr, und wollen das aus Scham beim alten Bullen im Museum abseits des Dienstweges erledigen, es gibt dort legendäre Sanischränke von 1970? »Die wollten sich nur mal leerscheißen, jetzt sind sie tot.«)

Später, als *der Angriff* bereits im vollen Gange ist, immer mal Kannibalen-Witze. »Der Kannibale von Peine isst am liebsten Beine.«

Das Mädchen rennt über den Kiesplatz, auf das Polizei-Museum zu.

Scheiben zersplittern, Einschusslöcher in Körpern, der Mond schiebt sich ganz langsam vor die Sonne, Zwielicht wie nach einem Atomschlag. Und da kommen sie, von allen Seiten, Staub steigt auf, Waffen mit langen Schalldämpfern.

Die Überlebenden flüchten ins Innere der Wache. »Was verdammt nochmal ist hier los?« Es leben: Kommissar Murot; der alte Bulle mit der Wanderkugel; der Kannibale von Peine; ein weiterer Gefangener, ein riesiger Vietnamese, der King der Zigarettenschmuggler; die Verkehrspolizistin, die schon ein paar Kugeln abgekriegt hat. Später erwischt es sie richtig, aber im Obergeschoss ist eine Putzfrau, die von alldem nichts mitgekriegt hat (Walkman!) und eine kleine Fuffzehn macht (d.h. Pause), die wird sofort rekrutiert. Sie ist eine Deutschrussin, war bei den Pionieren und in den sowjetischen Jugendlagern usw., deswegen gibt sie vor, militärische Erfahrung zu haben. Dazu hat überlebt: das kleine Mädchen with the gun. Auch sie schießt scharf, die Schweine haben ihren Vater umgelegt, sie will Rache, Kommissar Murot versucht, sie davon abzubringen, den Kreislauf des Todes zu druchbrechen.

Die wenigen Waffen werden verteilt. Die Vitrinen leergeräumt. Erst sind die Gefangenen im Keller in den alten Zellen untergebracht, aber dann müssen sie alle zusammenarbeiten. Kommissar Murot und der Kannibale von Peine verstehen sich gut. Die Sonnenfinsternis scheint ewig zu dauern, und die zombiegleichen Angreifer werden immer mehr. Kommissar Murots Handy war schon auf der Fahrt nach O-Town halbleer, die anderen haben keins. Und als sie an ein Handy gelangen, müssen sie feststellen: kein Netz. Der Sound von Carpenter hämmert die Bässe in die apokalyptische Finsternis.

Wer greift sie an? Lautlos sind die Waffen und die Männer. Spekulationen im Überlebenskampf. Die Leichen der Angreifer werden durchsucht. IS? Crystal-Freaks? Anarchisten? Ganglords? Einer trägt ein kleines Hakenkreuztattoo, ein anderer eine Gebetskette.

»Wenn sich aller Abschaum zusammentut, dann gnade uns Gott, dann gehört ihnen die Welt.«

Die Angriffe werden heftiger. Die Verteidiger versuchen, ein altes Funkgerät umzufrequentieren. Der alte Bulle stirbt, als er mit einem alten Bren-MG (ein tschechisch-englisches MASCHINENGEWEHR, das u.a. im WK 2 zum Einsatz kam) aus dem Keller kommt, über Jahre hat er es dort versteckt, die geheimnisvolle Geschichte der stillgelegten Wache. Die Wanderkugel durchtrennt schließlich sein Rückenmark, die Anstrengung war zu viel.

Welche Rolle spielen die korrupten Bullen von O-Town? Lassen sie die Gangs und den Abschaum wüten, Bauernopfer altes Bullen-Museum?, um dann richtig zuzuschlagen?

Ein alter Gang wird entdeckt, Folterkeller aus guten alten RAF-Zeiten ... Der Fidschi-King opfert sich, als er mit der Bren loszieht. Der Kannibale aus Peine wittert seine Chance. »Oh herrlicher Geruch verbrannten Fleisches!« In der Wache löst sich die Gesellschaft auf. »Wenn die Toten aus ihren Gräbern kommen, wenn der Abschaum sich zusammentut, dann gnade uns Gott.«

»Gott ist tot!« Mit letzter Kraft wird der Angriff abgewehrt. Taucht Joachim Król als Retter auf in einem alten Eiswagen, der Eisverkäufer legt sie alle um? Was machen die korrupten Bullen aus O-Town. Where is the IS?

Wird die Sonne jemals wieder ohne Schatten sein?

COMING SOON: MEYER/STUBER – DER ANGRIFF.

Anfang der 90er, vielleicht '91, eher '92, kaufte ich auf einem Flohmarkt eine Videokassette des Films »Der Angriff«, im Original »Assault on Precinct 13« von John Carpenter. Zu diesem Zeitpunkt war Beate Zschäpe 16 oder 17 Jahre alt.

23 Jahre später sitze ich (zusammen mit dem Filmregisseur Thomas Stuber, THOMAS STUBER IST MITGLIED DER ÄKSCHN GMBH) an einem Remake von Carpenters »As-

sault«, ein Auftrag für ein Drehbuch für einen Fernseh-Tatort, ein Exposé entsteht.

Beate Zschäpe sitzt in einer Zelle aus Licht (eine Zeitlang wurde das Licht in ihrer Zelle nicht abgeschaltet, um sie permanent unter Beobachtung zu halten), wird verteidigt von Sturm, Stahl und Heer, und wir wissen nicht, war sie der Kopf des NSU oder die Hausfrau und die Heimstatt der beiden Uwes und damit auch der Kopf des NSU …

Ich kann mich erinnern, wie ich gebannt und schockiert vor dem flimmernden Bild saß, DER ANGRIFF, hundertfach wurde diese Gebraucht-VHS wohl schon abgespielt, das Bild verzerrt sich an den oberen und unteren Rändern, ich hatte das Geld für meinen ersten Videorekorder einige Wochen zuvor als Komparse bei der Wagner-Oper »Lohengrin« verdient, ich war ein Junge mit einem Holzschwert, ein Soldat mit einem Holzschwert, das Gesicht leuchtend weiß geschminkt, manchmal ließ ich die Schminke nach der Probe oder nach der Vorstellung drauf und ging so durch die Nacht nach Hause.

Wie ein Zombie, der doch nur seine Pubertätsakne verdecken wollte.

Und Carpenters Zombies in »Assault«, die eigentlich keine Zombies sind, die aber wie die Untoten beim großen George A. Romero, den ich erst später kennenlernen sollte, schweigend und scheinbar unaufhaltsam gegen die Eingeschlossenen vorgehen, ließen mich gebannt auf den großen alten Röhrenfernseher starren, den ich von irgendeiner Straßenecke in mein Zimmer geschleppt hatte, denn meine Mutter lehnte lange einen Fernseher ab, lehnte das Fernsehen *an sich* ab, und in diesen Jahren standen die alten Ostfernseher an den Straßenecken, auf den Schrottplätzen, denn die Leute kauften neue Westware, Philips, Sony, Grundig … Und bei Carpenter kommen sie aus der Nacht, mit schallgedämpften Waffen, sie greifen die alte Polizeiwache an, die nur noch eine Nacht existieren soll, aufgelöst wird, vom Netz genommen wird, das es damals noch nicht gab, weder 1976, als der Film entstand, noch 1992, als ich ihn das erste Mal sah. Große Zeit der VHS, große Zeit der Videotheken, die seit 1990 in L. an allen Ecken entstanden … Große netzlose Zeit, große vernetzte Zeit. Die meisten dieser kleinen Eckvideotheken, die nur ein beschränktes Sortiment an Action-Filmen und Pornos verliehen, denn ein Markt für Porno-Action existierte ja nicht in L. vor '90, vor '89, schlossen nach wenigen Jahren (oft nur Monaten) wieder, die Filme wanderten auf die Flohmärkte.

Und in meinen nächtlichen Träumen '92 kreuzen und mischen sich die Bilder und Sounds aus »Assault« mit den Bildern und Sounds aus Wagners »Lohengrin« … Der Gral wird in einer Polizeistation versteckt, Leipzig Südost, die toten Ritter greifen an, weiße Gesichter in der Nacht. Parzival hält die Stellung, ich habe die Nacherzählung von Eschenbachs »Parzival« als Kind gelesen und stellte erst später fest, dass der große Erzähler Werner Heiduczek, dessen Roman »Tod am Meer«, erschienen erstmals in meinem Geburtsjahr 1977, mich 2006 ganz unerwartet traf und tief traf, dass eben dieser Werner Heiduczek den »Parzival« nacherzählte. *Aus frühen Zeiten ist uns die Nachricht von jenem wundersamen Gral geblieben, den einige als kostbaren Stein gekannt haben wollen, andere hingegen als Schale oder als Kelch. Wie auch immer beschrieben und wo aufbewahrt, in Britannien oder Mesopotamien, ihm war die Kraft eigen, dem Glück zu geben und Vollendung, der ihm nahe war. So lebte er als Sehnsucht in den Menschen fort.* So las ich es als Kind.

»Ich habe nicht gewusst, wie sehr ich leben möchte.« Und so beginnt »Tod am Meer«, einer der großen Romane auf dem großen Flohmarkt der Romane nach 1945 (DIE ÄKSCHN GMBH LIEBT WORTSPIELE UND KALAUER UND FLOHMÄRKTE), Jahre des Herrn.

Ein Roman über den Krieg, über den Anfang und das Ende und das Dazwischen. Das Lebenswerk Werner Heiduczeks, sein zweiter und letzter Roman, der Erste hieß »Abschied von den Engeln«, ein Titel, den ich sofort verwenden würde, wenn es ihn nicht schon gäbe aus des Meisters Hand, ABSCHIED VON DEN ENGELN, ein großer Roman, seiner (und meiner, der anders heißen wird, vielleicht auch irgendwas mit Engeln ...), und Werner Heiduczek, der mit fast 90 Jahren immer noch in der Stadt L. sitzt, wachen Geistes, den ich ein paarmal besucht habe seit 2006, dessen Roman »Tod am Meer« den Anfang der Illusion DEUTSCHE DEMOKRATISCHE REPUBLIK beschreibt, DIE ÄKSCHN GMBH LIEBT DIE WORTE DEUTSCHE DEMOKRATISCHE REPUBLIK, DEUTSCHE DEMOKRATISCHE REPUBLIK, ABSCHIED VON DEN ENGELN. DEUTSCHE DEMOKRATISCHE REPUBLIK ... DEUTSCHE DEMOKRATISCHE REPUBLIK ... Deutsche Demokratische Republik ... Deutsche Demokratische Republik ... Abschied von den Engeln.

Ein Ich-Erzähler, der, dem Tode nah, sich erinnert, der seinen Weg gegangen ist, Zugeständnisse gemacht hat, in dieser DEUTSCHEN DEMOKRATISCHEN REPUBLIK, AB-

SCHIED VON DEN ENGELN, seinen Weg gegangen ist, ein Künstler, ein Dramatiker, der sein Leben sieht, seinen Betrug sieht, sein Scheitern sieht, seine Träume sieht, sein Scheitern sieht ... Im Zwiegespräch mit Bai Dimiter, in Bulgarien am Meer, in einem Krankenhaus, in einem Zimmer, DIE ÄKSCHN GMBH HASST NACHERZÄHLUNGEN, DIE SICH TARNEN ALS EIGENE BETRACHTUNG DES NACHERZÄHLTEN.

»Ich muss aufpassen, Bai Dimiter, dass du mich noch verstehst. Ich möchte alles gleichzeitig aufschreiben, um mich von der Erinnerung zu befreien.«

Und ich sitze mit Werner Heiduczek, 2006 bis ..., und lausche seinen Erzählungen über die großen Kollegen in der DEUTSCHEN DEMOKRATISCHEN REPUBLIK, lausche seinen Erzählungen über »Die Schatten meiner Toten«, was für ein Titel, die ÄKSCHN GMBH LIEBT TITEL UND HASST DUMME TITEL, WEISS ABER AUCH, DASS EIN SCHLECHTER TITEL EIN GUTES BUCH NUR BEDINGT VERSCHLECHTERT, WEISS, DASS EIN GUTER TITEL EIN SCHLECHTES BUCH NUR BEDINGT VERBESSERT, DIE ÄKSCHN GMBH LIEBT TITEL, schlechte Titel sind zum Beispiel: »Die NSU-Morde«, obwohl, das ist kein schlechter Titel, schlechte Titel sind zum Beispiel: die meisten Genitiv-Titel, außer »Die Schatten meiner Toten«, »Abschied von den Engeln« (Moment, ist das überhaupt ein Genitiv-Titel?), »Die Entdeckung der Langsamkeit« (Nadolny), »Vom Mut des Künstlers« (J. R. Becher) usw. usw., wobei wir eingestehen müssen, dass es auch sogenannte *okaye* Titel gibt, die etwas besser als Scheiß-Titel sind, aber weitaus schwächer als meisterhafte Titel. Okaye Titel sind beispielsweise »Ein Fall für Micky« aus der Serie

Lustige Taschenbücher (während »Der Kolumbusfalter« aus derselben Reihe ein schillerndes Beispiel für *wahre und klare* Poesie ist) ..., aber wir wollen unsere Zeit nicht allzu sehr verschwenden, um über die schlechten Titel in der Gegenwartsliteratur zu sprechen, aber »XXX« ist nun mal wirklich schlecht, weil viel zu harmlos als Titel, »XXX« ist schlecht, und »XXX« ist ebenfalls schlecht, bitte keine Titel mehr, es wäre ja ertragbar, wenn die Bücher nicht auch so schlecht wären, man sollte manchen Schriftstellern TITEL-GHOSTWRITER zur Seite stellen, obwohl ca. 90 % der Gegenwartsliteratur (sagen wir 2 Drittel) überhaupt einen Ghostwriter bräuchten, HUST HUST, DAS IST DIE MEINUNG DER ÄKSCHN GMBH, »XXX« und »XXX« und »XXX« sind Müll, OH IHR SCHLECHTEN TITEL (hier ganz nebenher, weil's grad so gut passt, meine Titel-Top-Ten ohne Reihenfolge: »Die Nackten und die Toten« von Norman Mailer – Gänsehauttitel; »Die Schatzinsel« von Robert Louis Stevenson – einfach, knackig, gut; »Der Zauberberg« von Thomas Mann – The Magic Mountain; »Als wir träumten« von mir – ich konnte nicht glauben, als ich den Titel fand und erfand, dass es den noch nicht gab; »Die Nacht, die Lichter« auch von mir – scheinbar einfache Klarheit, zwei Substantive durch Komma getrennt, fließende Bewegung von Einzahl zu Mehrzahl, ganz poetisch; »Die Bekenntnisse des Hochstaplers Felix Krull« von Thomas Mann – Bekenntnisse sind immer gut, Hochstapler auch; »Die Nacht aus Blei« von Hans Henny Jahnn – dunkel wie Herrenschokolade; »Der Ölprinz« von Karl May – sehr schöner Titel; »Der Fremde« von Albert Camus – ice-cool!; »Krieg und Frieden« von Leo Tolstoi – da ist schlichtweg ALLES drin, schon im Titel; »Das

Kapital« von Karl Marx – wie bei Tolstoi; »Wozu Literatur?« von Wilhelm Girnus --- VERDAMMT, DAS WAREN 12, und das ohne »Reise ans Ende der Nacht« und »Die Stoßburg«! Und weiter im Titelirrsinn ...), einer der okayen Titel, von denen ich sprach, aber nicht TOP-TEN-würdig, ist zum Beispiel »Die Schlange – ein Mike Hammer Roman«, obwohl das vielleicht sogar ein genialer Titel ist, wie eigentlich alle Mike-Hammer-Romane geniale Titel haben, wie »Tote kennen keine Gnade«, im Original fast noch genialer »The Killing Man«; »Survival Zero«, in der deutschen Ausgabe »Keine Chance – ein Mike-Hammer-Roman«; »Ich, der Richter«, im Original »I, the Jury«; »Küss mich, Tod«, im Original »Kiss me deadly«, MIKE HAMMER IS THE ÄKSCHN GMBH, MIKE HAMMER VERSUS NSU, MIKE HAMMER VERSUS IS, MIKE HAMMER VS. THE ÄKSCHN GMBH, MIKE HAMMER GOT HIS GUN, zu Mike Hammer und Mickey Spillane werden wir noch kommen im Laufe der nächsten 2000 Seiten, two-tausend Maniacs, THE ÄKSCHN GMBH IS A MANIAC DETECTIVE, DIE ÄKSCHN GMBH BITTET UM GEDULD, die ÄKSCHN GMBH macht mal wieder leere Versprechungen --- zu Beginn von »Küss mich, Tod«, quasi als Einleitung, DIE ÄKSCHN GMBH HASST DAS WORT QUASI, DIE ÄKSCHN GMBH LIEBT QUASIMODO, schreibt Spillane: »Die Menschen und Ereignisse, von denen diese Geschichte handelt, sind rein fiktiver Natur. Ähnlichkeiten mit lebenden oder toten Personen sind völlig zufällig«, nun sind, wie meistens in einem Mike-Hammer-Roman, am Ende alle tot, außer Mike Hammer, obwohl man argumentieren kann, dass auch er ein lebender Toter ist, ein Geist, der durch die Unterwelt zieht, *irgendwo weit entfernt heulte eine Sirene auf, und eine Minute später wurde sie leiser, während eine andere losgellte. Dann stimmten, nicht in der Nähe, sondern weit entfernt, zwei weitere ein, die zu einer wunden Stelle in dem massigen, kranken Körper der Stadt rasten …*, Survival Zero, die Schatten meiner Toten … Die Menschen und Ereignisse, von denen diese Geschichte handelt, sind rein fiktiver Natur … Tod am Meer, dieses stille, melancholische Pathos des Romans hat mich immer wieder beeindruckt, eine Wahrhaftigkeit im Angesicht des Todes, selten habe ich Leben so glasklar in all seiner Verlorenheit vor mir gesehen, ein Roman wie dunkles Glas, wie ein dunkelroter Diamant, Krieg – Kindheit – Frieden – Liebe – Abtreibung – Hoffnung – Lüge – Hoffnung – Leben – Tod.

»Auf der Haldenstraße in Hindenburg habe ich als Kind das Fluchen gelernt und das Weinen, das Stehlen und die Sehnsucht nach einer Blume, nenn sie Wahrheit, nenn sie Gerechtigkeit, nenn sie Liebe. Ich habe sie für mich nicht gefunden, Bai Dimiter, oder gefunden und zertreten. Ich werde sentimental. Das ist die Nacht. Die Linden fangen an zu blühen.«

Und wenn Werner Heiduczek von den Kollegen und Kolleginnen erzählt, den LEBENDEN UND DEN TOTEN, dann sehe ich sie vor mir, die Großen der DDR-Literatur, als säßen wir gemeinsam im Raum, und bin ich nicht auch ihr SOHN … *son, my son, what have you done* … Vom alten Erik Neutsch erzählt er, »Spur der Steine«, das gewaltige proletarische Epos über den Bau, über den Aufbau, über die Suche nach dem Gral, ein schmutziger Gral, gefüllt mit Industrieabwässern, »Sechzehn Schornsteine stützten den Himmel über der Stadt, höher aufragend als die höchsten Türme ringsum, sechzehn Fabrikschlote, in einer Reihe, staubgrau und steil, wie sie nirgends noch einmal in Deutschland zu finden sind. Tag und Nacht wälzt sich der Qualm aus den sechzehn Essenschlünden, Tag und Nacht. Er schwärzt im Winter den Neuschnee auf den Äckern, rußt im Frühling über die weißen Blüten der Kirschbaumzeilen an den Chausseen, trübt sogar im Herbst noch die novemberdunklen Flüsse und umflort im Sommer die heiße gelbe Sonne.«, und Heiduczek erzählt, wie sie den Erik Neutsch dazu gebracht haben, seinen Roman »Auf der Suche nach Gatt« umzuschreiben, weil die Figur Gatt anfangs zu kritisch war dem Sozialismus gegenüber, Gatt, der aus den Kupfergruben stieg bis in die Redaktion einer Zeitung, und er kannte und erkannte die Mühen der Ebene, »Und Gatt verlor sich selbst, weil es ihm an Wissen fehlte, das Kommende zu erkennen. So finden wir ihn wieder auf Bahnhöfen und in Zügen, auf Zwischenstationen, denn ein Mann vom Schlage Gatts kann sich nicht wirklich verlieren, nicht hierzulande und in dieser Zeit.«

Als Neutsch 2013 starb, am 20. August, meinem Geburtstag (an einem 20. August enden übrigens die »Jahrestage« von Uwe Johnson, dem stillen Kapitän der ÄKSCHN GMBH, AHOI, Uns-Uwe), als Neutsch starb, schrieb er immer noch und seit Jahrzehnten an seinem sozialistischen Epos »Der Friede im Osten«. Ihm blieben nur Illusionen und der Glaube an sein Werk, das kaum noch einen interessierte. DIE ÄKSCHN GMBH LIEBT DIE VERLIERER, DIE PARZIVALE, DIE, wenn's doch alles so einfach wär …

Heiduczek selbst, ein großer Stilist im Gegensatz zum grob, aber durchaus kraftvoll schnitzenden Neutsch, hat nichts umgeschrieben, auch wenn sie ihn drängten. »Tod am Meer« durfte erscheinen, aber wurde nicht mehr nachgedruckt und ein Jahr nach Erscheinen verboten, und Heiduczek schrieb nur noch Kinderbücher (WAS HEISST HIER NUR!, ruft der alte Meister), dichtete Märchen nach, und er lächelt, wenn ich ihn frage, wie es ihm ging in dieser Zeit, »ganz gut«, und ich glaube es ihm, weil ich seine Märchen und Kindergeschichten gelesen habe, als ich ein Kind war, und später noch einmal. »Die Geschichte vom verschenkten Weinen«, »Der Schatten des Sijawusch«, »Jana und der kleine Stern«.

Und über die schöne Brigitte Reimann erzählt er mir, deren Foto in meinem Arbeitszimmer hängt. Zu früh gestorben. »Franziska Linkerhand«, das große Meisterwerk, dem Tod noch abgerungen. LADIES AND GENTLEMEN, THE ÄKSCHN GMBH PRESENTS: The number eins of all the wunderful writing ladies: BRIGITTE REIMANN!!! (Um uns hier jeglichen GENDERMÜLL zu ersparen, der ÄKSCHN GMBH ist es scheißegal, ob Mann oder Frau, Hauptsache Kunst gut!, Hauptsache Kunst Kraft!)

Ich wünschte manchmal, ich wäre jünger, viel jünger, um ihr begegnet sein zu können (hier stimmt was nicht, ein Zeitparadox, ich muss älter sein, aber jünger, um ihr jung begegnen zu können Anfang der 60er), ich sehe ihr Foto und ihre Augen und, ich gebe zu, auch ihre hohen Brüste unterm dunklen Pullover …, es ist seltsam, wenn man plötzlich tote Frauen erotisch findet, man kann …, es ist schwierig, man kann nicht auf Tote onanieren, das funktioniert nicht, bei Lebenden ist das machbar, natürlich, aber bei Toten …, es ist seltsam, man verliebt sich in ein Foto, aber die Frau ist viele Jahre tot … Aber wenn ich sie lese, die Franziska Linkerhand, bin ich nur sprachlos. Eindringen will ich in sie und ihre Sprache, Brigitte Franziska, verfallen bin ich ihr und ihrer Sprache …, ihren inneren Monologen, ihren Brüchen, ihrem Hunger nach Leben, ihrer Hoffnung und Hoffnungslosigkeit, ihrer Sprache bin ich verfallen …

»Die sieben Gäste saßen an sieben Tischen, jeder für sich allein, jeder eingeschlossen in seinen Kreis einer besonderen Einsamkeit, die keines anderen Menschen Einsamkeit vergleichbar war, weil seine Geschichte mit keiner anderen zu vergleichen war, die besondere, besonders schmerzliche Geschichte seiner Niederlagen und verlorenen Illusionen.« Oh wunderbare Brigitte …

Und auch von Loest erzählt Werner Heiduczek, Erich Loest und *dessen* Abschied von den Engeln, aber auf den werden wir später noch kommen, ach, olle Erich, der du bist im Himmel, wolltest auf deine alten Tage noch fliegen lernen aus dem 4. Stock der Uniklinik Leipzig, wolltest noch einmal fliegen, als dein Sohn, ihr wart wohl seid Jahren verstritten, mal eben kurz den Alten alleine ließ, so erzählt man sich hier in L., aber hat man nicht mit fast 90 das Recht zu fliegen, oder aber WAS HABT IHR NUR GEMACHT MIT DIESEM MANN IN SIEBEN JAHREN BAUTZEN neunzehnsiebenundfünfzig bis neunzehnvierundsechzig …

Heiduczek ist Parzival, ist weiser Tor, ist fast, aber nur fast, vergessen worden im GOLDENEN WESTEN, lebt weiter in den GOLDENEN BÜCHERN der Äkschn GmbH, einmal sah ich ihn auf einem Schwan durch den Abend gleiten, oder war das Werner Bräunig?, der einst aus den Gruben der Wismut kam, gewaltig sein Talent, als würden Thor und Hephaistos gemeinsam schmieden. Der sich tottrank, weil er selbst unter die glühenden Hämmer der Kulturpolitik kam, der sich tot trank 1976, ein Jahr vor meiner Geburt, den großen Roman in der Schublade, das große Epos über die Tiefe der Wismut, das er nicht veröffentlichen durfte, das erst 31 Jahre nach seinem Tod erschien, der sich tottrank im Plattenbau, in Halle, meiner Geburtsstadt, wo die weißen Schwäne auf der Saale schwarz wurden. Und so beginnt es:

»Die Nacht des zwölften zum dreizehnten Oktober schwieg in den deutschen Wäldern; ein müder Wind schlich über die Äcker, schlurfte durch die finsteren Städte des Jahres vier nach Hitler, kroch im Morgengrauen ostwärts über die Elbe, stieg über die Erzgebirgskämme, zupfte an den Transparenten, die schlaff in den Ruinen Magdeburgs hingen, ging behutsam durch die Buchenwälder des Ettersberges hinab zum Standbild der beiden großen Denker und den Häusern der noch größeren Vergesser, kräuselte den Staub der Braunkohlegruben, legte sich einen Augenblick in das riesige Fahnentuch vor der Berliner Universität Unter den Linden, rieselte über die märkischen Sandebenen und verlor sich schließlich in den Niederungen östlich der Oder.«

Und Lohengrin, der auf seinem Schwan über die Ströme der Oder und der Saale reitet, tauchte im »Parzival« in einer Nebenrolle auf, so sagt es mir meine Erinnerung. HAUPTROLLEN, NEBENROLLEN, ALLES EIN GEWALTIGER FILM, die ÄKSCHN GMBH präsentiert ... Und so sagt das Netz im Jahr des HERRn 2015: »Der Gralsritter Loherangrin, Sohn des Gralskönigs Parzival, wird auf einem Schwan der Herzogin von Brabant als Helfer und Beschützer gesandt ...« Tod am Meer, Tod im Plattenbau, *so lebte er als Sehnsucht in den Menschen fort*, sterbende Schwäne.

DIE ÄKSCHN GMBH HASST FAKTEN, SIE HASST DAS NETZ UND DIE NETZVERSTEHER, SIE SPIELT MIT ERINNERUNGEN, DIE DIE EINZIGEN WAHRHEITEN SIND, UND WIDERSPRICHT SICH PERMANENT UND AKZEPTIERT KEINE WAHRHEITEN UND LÄSST SICH ÜBERRUMPELN UND TRAUT NUR DEN TRÄUMEN.

Und ich träume: Lohengrin sitzt in einem Eiswagen, der ein riesiger Plastikschwan ist, und verkauft fußballgroße weiße Eiskugeln. Fast wie bei Carpenter, wo sie den armen Eismann umlegen, bevor sie das kleine Mädchen umlegen, das bei ihm Eis gekauft hat. PLOPP PLOPP.

»Wer bist du? Wer bist du? Wer bist du?« Plötzlich ist der Gral ein nacktes Mädchen, 13, 14, 15 vielleicht, mein Alter, die mich anruft, die nackten Arme nach mir streckt.

Du darfst mich nicht fragen, Mädchen, sonst verschwinde ich, sonst werden wir nicht zusammenkommen. Und dann ist sie plötzlich eine junge Frau, so wie die Sängerin in Lohengrin, die ELSA, die ich sehnsüchtig beobachtete, weiße Schminke und Holzschwert, an deren Garderobe ich vorbeischleiche, weiße Schminke und Holzschwert ...

Das mir damals unerklärliche Frageverbot. Sie darf

Lohengrin nicht nach seinen Namen fragen. *Ich bin der, der ich bin*, wie es in der Bibel heißt? Die Fragen haben mich immer mehr interessiert als die Antworten. Das Schweben im Raum, die Leerstellen, die Geheimnisse, die magischen Spiegel, die niemals Antwort geben, sondern alles immer mehr verzerren. SPIEGLEIN, SPIEGLEIN AN DER WAND, ICH WILL ZU ALICE INS SPIEGELLAND. Ist die nackte Frau vielleicht aus der *Stoßburg* in meinen Traum geschlichen? Vier VHS habe ich gekauft auf dem Flohmarkt, 1991.

»Assault«, »Django« von Sergio Corbucci, »Lohn der Giganten«, mit Yves Montand in einer Altersrolle (nicht zu verwechseln mit dem großartigen »Lohn der Angst«, ebenfalls mit Montand, aber dem jungen Montand), und eben »Die Stoßburg«.

Meine unermessliche Angst auf dem Flohmarkt, dass ich diesen Softsexfilmklassiker (wunderbares Wort: SOFTSEXFILMKLASSIKER), den ich zwischen den Hunderten VHS in den Wühlkisten herausgesucht hatte, nicht bekommen würde, weil ich noch keine 16 Jahre alt bin. Aber ich sah mit 14 schon aus wie 16 oder älter. Erst 1994 leihe ich mit der Videokarte meines Vaters heimlich einen richtigen Pornofilm aus (ich weiß sogar noch, worum es ging: AUSTAUSCHSCHÜLERINNEN aus FRANKREICH, die sich von deutschen JUNGHENGSTEN durchBUMSEN ließen und GEMEINSAM in den Wald PINKELTEN), diese grüne Mitgliedskarte des längst untergegangenen Videoklubs »Tatum« habe ich heute noch …

Meine Angst auf dem Flohmarkt, dass man mich komisch anschauen würde.

Allen würde mein Ziel klar sein, die Onanie. Die große

Onanie zur großen Stoßburg. OH NEIN, ich bin doch nur an der ZUGEGEBENERMASSEN KRUDEN GESCHICHTE interessiert, ICH BETREIBE STUDIEN ZUR DRAMATURGIE IM TRASHFILM, ICH BIN DOCH SCHRIFTSTELLER, UND DIE STOSSBURG ist nun mal in unserem UNIVERSUM, ist nun mal ROHSTOFF!

Alle Körper in der Stoßburg gehören der Sängerin, oh große Oper, der Sängerin, deren Namen ich vergessen habe, wer will schon nachschauen in alten Archiven, Programmen oder im Netz, wenn dieses Geheimnis doch erotischer ist, oh ELSA, oh Burgfräulein der Stoßburg …, an die Keuschheitsgürtel kann ich mich erinnern, fast verschwunden sind die Bilder der Stoßburg, bei eBay sah ich vor Jahren ein Exemplar, über 100 Euro kostete diese VHS von »Peter Steiners Stoßburg«, nun habe ich schon lange kein Exemplar mehr gesichtet. Nur die ersten Zeilen des Titelliedes finde ich im Netz:

DAS NETZ IST DER ZOMBIE, SAGT DIE ÄKSCHN GMBH, DIE VERZWEIFELT GEGEN DIE ANSTECKUNG KÄMPFT, Peter Steiner wuchs in einer Münchener Künstlerfamilie auf. »Ja, ja mir juckt's, juckt's, juckt's in der Lederhos' / ja, ja, was mach i bloß / ja, ja, was ist denn dos …«

Inhaltsangabe: *Raubritter Archibald wird von seinem Busenfreund Sigurd zur Hilfe gerufen, um mit seiner Heerschar in den Krieg zu ziehen. Archibald weiß genau, weshalb er schnell noch zugreift, als ihm von einem kleinen züchtigen Italiener ein Restposten von Keuschheitsgürteln angeboten wird. Doch der Kreuzzug dauert nicht lange, und schon bald befindet man sich auf Sigurds Schloss, auf dem die Post abgeht!*

Und nach endlosem Klicken durch die Weiten des Netzes

finde ich doch einen Link, der mich zum Film »Die Stoßburg« führen soll, aber immer wenn sich das kleine Fenster öffnet und ich das Play-Zeichen drücke, beginnt der mir unbekannte Film »Beim Jodeln juckt's in der Lederhose« vor einer Schneekulisse der Alpen, »schneidige Skilehrer sowie willige Skihäschen« lese ich noch …

Und da taucht eine Szene der »Stoßburg« wieder auf in meiner Erinnerung, Bilder eines Festes, ein Gelage, in einer Gewölbehalle, die Ritter und die Burgfräulein saßen zechend um die Tafel herum, und ich weiß nicht, wie und warum, ging es um eine Wette?, ein Mädchen saß plötzlich mit gerefftem Rock zwischen den Flaschen und Braten und wollte ihre Fertigkeit demonstrieren, die darin bestand, Münzen mit ihren SCHAMLIPPEN von der Tischplatte aufzuheben. Ich sehe ihren herrlichen dunklen Busch, die Kamera zoomt …, werde ich etwa Einblick bekommen … und dann, KRIESEL, Schnee auf dem Bild, VERZERRUNGEN, Schnee auf dem Bild, NICHTS ZU ERKENNEN, ich spule zurück …, nein, nichts zu erkennen! SCHNEE AUF DEM BILD. Die Vorbesitzer der »Stoßburg« müssen so oft und in Zeitlupe diese Stelle geschaut haben, dass das Band förmlich abgewetzt sein muss, dass das Band fast durchsichtig geworden ist an dieser Stelle, dass man, wenn man es aus der Kassette zieht, hindurchschauen kann wahrscheinlich. Immer wieder und wieder versuchte ich, etwas zu erkennen auf dem Röhrenschirm, spulte und spule und schaue und schaute und drücke auf Standbild und studiere das Standbild und bewege den Videokopf ganz langsam weiter, tastete das Band ab, wahrscheinlich nur, um es noch mehr zu zerstören. WAHN DER BILDER, Rausch der

Vorstellung, und so versuchte ich zu erschaffen, was ich sah und doch nicht sah. OH große STOSSBURG, Rausch der Filme, denen ich damals erlag. Rausch der Träume, in denen ich das kleine Mädchen rette, das bei Carpenter umgelegt wird. Das ich immer retten will, das ich im Himmel wähne, weil ich bis 16, 17 fest an die biblischen Geschichten glaubte und an den allmächtigen Großschriftsteller GOTT und auch heute noch in Fragmenten glaube. Rausch der Angst, der mich packte, wenn ich damals die Nazi-Zombies in den Straßen meiner Stadt sah. STOSSBURG, STOSSBURG. Später wollte ich dann sogar zu ihnen gehören, VERSUCHUNG DER STÄRKE, musste Pakte schmieden, begann, heimlich über sie zu schreiben. Rausch der Gebete, die ich nachts betete, wenn ich durchs Ostwäldchen vom Posaunenchor in der Kirche am Rande der Stadt nach Hause ging, weil auch dort Zombies nachts ihr Unwesen trieben, nicht in der Kirche, sondern im Ostwäldchen ... ZOMBIE-POPE PART V, Rausch der Filme, die sich mit der Literatur vermischten, der ich schon verfallen war, Schatzinseln, Winnetou (der du bist im Himmel), Brüder Grimm, Brentanos Kunstmärchen, Musketiere, Jules Verne – immer nah und niemals fern, oh Lederstrumpf und der Letzte der Mohikaner, Märchen Märchen Abenteuer, Schiller-Gedichte in Sturm und Drang, Sturm des Mischens, Rausch des Ineinander-Schneidens, des Auseinander-Cuttens. Rausch und Sturm der Kolportage, Rausch und Sturm der Oper. Rausch der »Stoßburg«, Rausch des »Angriffs«. Rausch der biblischen Geschichten, erste Begegnungen mit der ÄKSCHN GMBH.

Rausch der ersten eigenen Geschichten. 1990, 1991, 1992,

1993. Nichts ist davon übrig, also von den ersten Geschichten. Meine Mutter besaß keine Schreibmaschine, und so schrieb ich lange handschriftlich. Was stand auf diesen ersten Zetteln? Gewalt spielte immer eine Rolle. Jungs, die zusammengeschlagen wurden, Busse, die verunglückten, Menschen, die starben. Flugzeuge, die Bomben warfen, deren Piloten dem Heulen der Bomben lauschten, einsame Straßen, Regenbögen, die die Himmel teilten, nächtliche Tankstellen, Menschen, deren Gedanken Fragmente waren, Menschen, die sich auf Gleise legten. Jungen, die liebten, aber nicht nach der Liebe fragten. ZU VIEL HUMPHREY BOGART GELESEN, ODER WAS? »Wer bist du? Und wohin gehst du? Und wenn du fragst, werde ich verschwinden.«

O nein, bleib doch, lass mich dich schauen, so nah bist du doch. Beate Zschäpe liest Märchen, Beate Zschäpe liest utopische Literatur, Beate Zschäpe liest »Die Geschichte vom verschenkten Weinen«, Beate Zschäpe liest »Ottokar Domma« und »Alfons Zitterbacke«, jene Geschichten von Millionen Kindheiten, muss ich jetzt sagen *ostdeutschen Kindheiten*, Bücher, die heute fast schon ein Geheimnis sind, was war dein erstes Buch, Beate? Erinnerst du dich in deinem Käfig aus Licht?

Wir sitzen in meinem Keller, der TIEFE ist, TIEFE ist der Glöckleinton, in der TIEFE ist die Königin, TIEFE ist Bergwerk, ist tiefer Keller, ist kühler Raum, TIEFE ist Traum vom Gold im Stein, vom ALMANIT, vom GLÖCKLEINTON der KÖNIGIN, TIEFE sind die Katakomben der alten Fabriken unterm Viertel, TIEFE ist der Keller, in dem wir sitzen, TIEFE sind die Bergwerke von Falun. TIEFE sind die Bergwerke, in denen wir die Zeiten überdauern, tot zwar, aber was soll's, TIEFE ist das Versinken, TIEFE ist die RIESENDINGSCHACHTHÖHLE, die bis zu den Tunneln von Gaza führt, TIEFE sind die Schächte zwischen den Burgen im Sandkasten, TIEFE ist BÄCK TO THE SANDKASTEN, TIEFE ist …

Wir versuchen, einen Durchgang für eine Antenne zu bohren, doch wir durchdringen nicht die gewaltigen Grundmauern des Hauses zum Hof hin, zum Waschhaus hin. Wir wollen eine Fernsehantenne durch diesen Durchgang legen. Wir graben uns immer tiefer in den Stein. Mit einem Meißel, dann mit einer Schlagbohrmaschine. Habe ich schon von jenem grauen Fremden erzählt, der Fortunatis Glückssäckel bei sich trägt? Und die Tarnkappe? Der uns unseren Schatten dafür nimmt?

Durch Jena ist er gekommen, das ist nicht weit weg, oder wird er kommen. Uwe, Uwe und Beate. Drei Schatten hat er in seiner Tasche, drei Menschen hat er in seiner Tasche. Von Schatten kann er nie genug bekommen. Er hat auch ein Taubennest, das ebenfalls unsichtbar macht. Mit der Kappe aber, die eher ein Mantel ist, könnte man zu dritt reisen, unerkannt reisen. Das Taubennest, das sogenannte, reicht nur für einen. Mit dem Taubennest oder dem Tarnumhang müssten wir nicht hier unten im Keller sitzen. Wir könnten rüber zu Schlecker gehen und uns eindecken. Was ist denn dieses Glückssäckel, und wer war dieser Fortunati? Und warum hat das Glückssäckel nicht mit seinem unermesslichen Reichtum die Welt verändert? Und wenn er jetzt hier im Keller stehen würde, so wie er einst dem Schlemihl gegenüberstand, Fortunatis Glückssäckel in der

Hand, der GLÖCKLEINTON des Goldes im Säckel. Und wozu braucht man schon seinen eigenen Schatten?

Oder mit der Tarnkappe oder zumindest dem Taubennest in die Welt ziehen. Da steht einem doch alles offen.

Und wenn der Graue, der, und das würde uns gar nicht wundern, plötzlich hier im Keller stehen würde, wo wir seit Stunden versuchen, diese Wand zum Waschhaus hin zu durchbrechen, um einen Durchgang für eine Fernsehantenne zu schaffen, und wenn also der Graue uns zum Sieg verhelfen würde … *Wie schön ist doch der Sieg der Verachteten. Wie grandios. Wie herrlich ist die Morgenröte der Verachteten, wenn sie sich ohne die Erlaubnis von wem auch immer zeigt! Wie strahlend ist die Sonne der Verachteten, wenn sie die Welt blendet, indem sie unablässig am Himmel emporsteigt!! Wie glücklich seid ihr doch, ihr Verachteten, kurz vor eurem Sieg unter der strahlenden Sonne! Wie schön ist der Gesang der Vögel zu Beginn dieses großartigen Tages! Und wie angenehm sind die Lieder dieses perlenfarbenen Morgens! Wie strahlend ist die glühende Sonne der Verachteten! Wie wunderbar ist dieser gefährliche Traum!*

Wollen wir Mahdi werden oder lieber NSU?

Wer war nur dieser Fortunati? ES LEBE DER STAAT DER DRECKSKERLE! Schatten kaufen oder Schatten verkaufen? Und in der Tasche des Grauen, die so unermesslich viel fasst, sehe ich ihr Gesicht, sehe ich sie. … *als Kleinkind auf dem Arm der Schwester ihres Stiefvaters. … in Jena, wahrscheinlich 1990. Nach der Wende sieht sie sich politisch eher links. Argloses Mädchen … im Sommer 2004. Sechs Jahre nach ihrem Abtauchen in …*

Die TIEFE ist so hübsch, die TIEFE ist so niedlich … Königin mit deinem Glöckleinton. *Abtauchen in den Untergrund.* In der TIEFE leben die DIDL-MÄUSE. Und wir schauen VHS, weil die Antenne nicht funktioniert, und fürchten uns nicht vor den Zombies …

Lange dachte ich, dass die Gewalt nur ein Irrtum ist. DAS IST NICHT WAHR, SIE WAR IMMER PRÄSENT, in meinem LEBEN, in meinem SCHAFFEN, war nie im Schatten …

Dass sie nur in Filmen wirklich existiert. Dass sie nur Ästhetik ist. ICH HABE EINMAL GESEHEN, WIE EIN ÄLTERER SCHÜLER EINER KRANKEN TAUBE, die nicht mehr fliegen konnte, DEN KOPF ABRISS und ihn im hohen Bogen wegwarf …, ich glaube, ich habe ihn bewundert für diesen Akt der ERLÖSUNG. Dass sie sich wieder aus den Räumen schleicht, Gewalt. EINMAL ZWANGEN MICH DREI ÄLTERE SCHÜLER, INDEM SIE MIR EINEN RIESIGEN NAGEL AN DEN HALS HIELTEN, MICH NACKT AUSZUZIEHEN … Dass man sie, wie Jesus, mit einer Drehung des Körpers negiert. Bis mir jemand im Jahr '92 eine Zaunlatte mehrfach gegen den Kopf schlug, beidseitig, als ich auf dem Weg zu meiner Schule, dem *Richard-Wagner-Gymnasium* war; WALKÜRE, WALKÜRE, aber auch das stimmt nicht …, die Gewalt habe ich schon viel früher beobachtet und kennengelernt. Und mich gefragt, während große Orangen im Dunkel meiner geschlossenen Augen aufflammten bei jedem Schlag und jedem Tritt, der mich traf, wie DAS einmal DARSTELLEN. Als der graue Fremde, der wohl zum BKA oder BND gehört, Schlemihl seinen Schatten abgeschwatzt hatte und ihm diesen nicht wieder übereignen wollte, schlug Schlemihls treuer Begleiter mit einer Holzknute auf den Fremden ein, bis er müde wurde, aber der Fremde schlich sich nur lachend unter seinem Taubennest immer weiter durch Wälder und Ebenen, und noch lange hörte man das Geräusch der Stock- bzw. Knutenhiebe, die auf ihn niederklatschten, aber dem Grauen schien es nichts auszumachen. Und so prügelten wir, bis wir müde wurden.

Und dennoch: Die erste Dialektik, die ich verdrängend begriff, war die Wandlung von *Auge um Auge* zu: *Halte deine andere Wange hin*. Der Humanismus der Bergpredigt, ausgeklammert, rausgeschnitten aus den wunderbar-archaischen anderen Geschichten der Bibel. A. T. UND N. T. sind …

DIE ÄKSCHN GMBH LIEBT A.T., DEN ZORNIGEN GOTT, LIEBT ABER DIE LEIDENDEN, DIE IHRE LEIDENDEN SÖHNE ZU OPFERN GEDENKEN, LIEBT ABER DIE HEUSCHRECKENREGEN, LIEBT DIE PLAGEN DES BLUTES …, LIEBT DIE POSAUNEN VON JERICHO. Liebt auch die Kainsmale, liebt Hiob, von Geschwüren bedeckt, auf seinem Haufen Mist, liebt auch die SALZSÄULE, die einmal ein Mensch war, weint mit JOSEPH ROTH über HIOB, liebt am allerliebsten MEISTER JONA in seinem WAL, der in die TIEFE sinkt, zum HERZEN DER MEERE sinkt und von dort zum HERRN betet.

SIND OTTOKAR DOMMA UND ALFONS ZITTERBACKE GRÜNDUNGSVÄTER DER ÄKSCHN GMBH? Sind sie gefangen in einem Wal? Die ÄKSCHN GMBH sagt: »Wozu Übergänge, wenn's auch mit'm HOLZHÄMMER geht …«

Alfons Zitterbacke lebte als Kind im Sozialismus, er folgte (u. a.) den Regeln Timurs, des Urhelfers Timur, der mit seinem Trupp den Alten, Schwachen und Hilfsbedürftigen half.

TIMUR IST BEKANNT AUS ROMANEN WIE »TIMUR UND

SEIN TRUPP« VON ARKADI PETROWITSCH GAIDAR. Gaidar ist Mitglied des Timur-Trupps --- TIMUR IST MITGLIED DER --- Arkadi Petrowitsch Gaidar wurde erschossen von den Deutschen.

Auch wir gründeten einen Timur-Trupp unter Anleitung unserer Klassenlehrerin, so erinnere ich mich. Wir sammelten Altstoffe, die wir in der Schule abgaben, wir wollten ... helfen. Für Frieden und Sozialismus ... Für Nicaragua. Alfons Zitterbacke erlebte lustige Abenteuer im kindlichen Sozialismus. Während sich Werner Bräunig totsoff. (Das wird gestrichen. Die Äkschn GmbH ist keine Moralinstanz, totsaufen, ja, bitte. Aber, Werner Bräunig, großer Schriftsteller, tragische Geschichte, hätt' sich nicht totsaufen dürfen, und 31 Jahre nach seinem Tod erscheint sein Roman ..., es MUSS einen Himmel geben, damit er irgendwie davon profitiert. Er schreibt und schreibt, und dann darf das Ding nicht erscheinen, es gab ja diesen soundsovielten Parteitag, da wurden die Kulturrichtlinien geändert, und das Ding durfte nicht erscheinen. Und man fragt sich heute, wieso? Der Mann glaubte ja an den Sozialismus. Aber so war das, die haben ihre besten Leute kaltgestellt. So wie das die Äkschn GmbH manchmal auch macht ... Es MUSS einen Himmel geben.)

Ottokar Domma, ein vorwitziger Schüler in einer Kleinstadt, die eher ein Großdorf war, erlebte lustige Abenteuer, eine der Ottokar-Domma-Geschichten heißt: »Als Opa Omas Nachthemd zerhackte«.

(Da geht's darum ..., ich hab das leider nicht mehr gefunden in der Kürze der Zeit ..., und wollt's auch nicht finden, die Erinnerungen sind meist viel schöner ... Das ist eigentlich auch ein Top-Ten-Titel, »Als Opa Omas Nachthemd zerhackte«, und so beginnt es auch, das ist der erste Satz: »Als Opa Omas Nachthemd zerhackte« ..., und dann müssen sie in die Stadt fahren und ein neues Nachthemd kaufen. Und es ist auch nicht klar, warum er es zerhackt hat. Er behauptet, es ist ihm einfach auf den Hackeklotz geweht worden, worauf er es einfach zerhacken MUSSTE. Und er fährt mit seinem Enkel Ottokar Domma in die Stadt, mit der Straßenbahn, und anstatt ein Nachthemd zu kaufen, wühlt er erst mal zehn Minuten in einer Wühlkiste mit Schlüpfern, mit Frauenschlüpfern. Das ist jedenfalls sehr lustig. Aber am Ende sind alle unglücklich. Als Opa Omas Nachthemd zerhackte.)

Der Schriftsteller Gerhard Holtz-Baumert schrieb den ersten Zitterbacke-Roman im Jahr 1958. Vier Jahre später erschien »Alfons Zitterbacke hat wieder Ärger«. Immer und immer wieder lasen ich und meine Schwester, die ein Jahr älter ist als ich, die Zitterbacke-Romane in der zweiten Hälfte der 80er. Ich frage sie, und auch sie erinnert sich. Kann manche dieser Geschichten fast noch auswendig. Mysterium der kindlichen Erinnerungen. Ministerium der kindlichen Erinnerungen. Ministerium der geistigen Flohmärkte, Ministerium der Flohmärkte, Verteidigung der KINDHEIT, Ministerium der ÄKSCHN GMBH, Ministerium der DEFENDERS, der VERTEIDIGER, denen ich auf den Flohmärkten der genannten Jahre erstmals begegnete.

Die DEFENDERS sind eine Abteilung der ÄKSCHN GMBH, aber dazu, wie immer, SPÄTER. The great SPÄTER we will see LATER. Wenn wir nicht vorher untergehen.

Als Juri Gagarin ins All flog, wollte auch Alfons Zitterbacke Kosmonaut werden. Kosmonauten ernähren sich von Tubennahrung. Und so beschloss Alfons Z. (DIE ÄKSCHN GMBH LIEBT DAS ABKÜRZEN VON NAMEN UND ORTSNAMEN, WIE: DIE STADT L., WIE: DER GENOSSE Z., Z STEHT IN DEN MEISTEN FÄLLEN FÜR ZARDOZ, EINEN GROSSEN FLIEGENDEN KOPF, DEM EIN MANN NAMENS ZED MIT NACKTEM OBERKÖRPER UND SCHNAUZBART DIENT, JENSEITS DER ZEIT UND DES RAUMS, WAFFEN KOMMEN AUS DEM MAUL DES KOPFES) …, und so beschloss Z., nur noch Tubennahrung zu sich zu nehmen, um sich auf kommende interstellare Aufgaben vorzubereiten. Er fand aber nur Tubensenf, Mayonnaise u. Ä. und Zahnpasta namens PUTZI im Sortiment seiner Zeit, wovon ihm schlecht wurde. Wir lachten und kosteten Zahnpasta und Tomatenmark und Tubensenf, wovon auch uns schlecht wurde. Wollte auch Beate mit den Tuben zu den Sternen?

Und ich irre von Stand zu Stand, die endlosen Flohmärkte der endlosen frühen 90er Jahre, irre von Kiste zu Kiste. Den »Lohengrin« im Ohr, den »Stoßburg-Song« im Ohr, erinnere mich an die Legenden, dass vor gar nicht langer Zeit bzw. in dieser großen Zeit, 1990/1991/1993, die abziehenden sowjetischen Soldaten und Offiziere am Rande der Flohmärkte ihre Makarow-Pistolen verkauft haben sollen, dass man bei ihnen auch Handgranaten erwerben konnte und AKs. Jahre später nenne ich eine FIGUR meines KOSMOS, der seinen Aufstieg inmitten dieses Irrsinns begann: A.K., Arnold Kraushaar. Wir würden uns wiedersehen im Jahr 2013.

Ein Bekannter erzählte mir, dass ein Typ, den wir kannten und fürchteten, eine Handgranate auf seinem Nachttisch hatte und mit ihr spielte, wenn er betrunken war. Den Splint (schönes Wort) einmal zog, und sie warteten Sekunden, dass NICHTS passierte.

Meine Video-Sammlung wächst. »Assault« habe ich ungezählte Male gesehen in kurzer Zeit. ZEIT-ZEIT-ZEIT-MASCHINE. ZEIT-ZEIT-ZEIT-KANTINE. Alkohol beginne ich erst ab 1993 zu mir zu nehmen. Ich lese Raymond Chandler und Dashiell Hammett. ICH BIN HUMPHREY BOGART, DER ELEKTRISCHE DETEKTIV IM DSCHUNGEL DER GROSSSTADT. ASPHALT-DSCHUNGEL, ASPHALT-RUMMEL. »Er war der Letzte der großen Gangster«, lese ich bei W.R. Burnett, »The Asphalt Jungle«, oder war das der Anfang von Burnetts Roman »High Sierra«, dessen Verfilmung mit Humphrey Bogart ich kurz später in dem Fernseher meiner alten blinden Nachbarin sah, denn der Fernseher, den ich von der Straße geholt hatte, war kaputtgegangen, »Er war der Letzte der großen Gangster«, während um mich herum die ERSTEN DER KLEINEN GANGSTER durch den ASPHALT-DSCHUNGEL streifen. CRASH-KIDS ON THE BLOCK. Ich denke darüber nach, Moslem zu werden, weil mich die Orient-Romane Karl Mays so begeistern. Mit wehendem Kaftan durch diese Stadt zu schreiten. Ein FES vorm FACE. Fremd zu sein in der Heimat. Ich kaufe mir einen Cowboyhut, den mir Zombies mit einer Zaunlatte vom Kopf schlagen, als ich auf dem Weg zur Schule bin. Ich hätte gerne eine Makarow-Pistole mit Schalldämpfer. Ich wäre gerne der finstere MAHDI im heiligen Krieg gegen die Zombies (bekannt aus Karl Mays »Im Lande des Mahdi« 1 bis 3). Ich möchte Gaddafi-Reden wie Gedichte rezitieren. WIR HABEN SOEBEN GESAGT, DASS DER / KOMMUNISMUS NOCH NICHT GEBO-

REN IST / UND DASS MAN DAHER NICHT SAGEN KANN / DASS ER BEREITS TOT IST. / ZUSAMMENGEBROCHEN IST VIELMEHR DER / MARXISMUS-LENINISMUS / ODER SAGEN WIR, WIR / HABEN IHN MITERLEBT / ABER WAS IST DER GRUND / FÜR DIESEN UNTERGANG? / EINER DER AJATOLLAHS DER ISLAMISCHEN / REVOLUTION IM IRAN SAGT / ER SEI SEINER UNGLÄUBIGKEIT UND / SEINES ATHEISMUS WEGEN ZERBROCHEN / UND NICHT ETWA AUS / WIRTSCHAFTLICHEN, POLITISCHEN ODER ANDEREN / GRÜNDEN.

Ich begegne Beate Zschäpe, ohne es zu wissen. Sie verkauft VHS und Comics auf unserem großen Flohmarkt in der Stadt L. Sie sieht süß aus. Und ich erkenne sie später nicht wieder. Ich sinniere Tag und Nacht über die Möglichkeit von Zeitreisen. »Django« von Sergio Corbucci habe ich ungezählte Male gesehen in *kurzer Zeit*. Ein Mann, der einen Sarg hinter sich herzieht, durch eine Welt aus Schlamm und Rauch, aus dem Sarg holt er, als er gegen eine Übermacht von mindestens 100 RASSISTEN antritt, in aller Seelenruhe ein Maschinengewehr.

DJANGO IS THE ÄKSCHN GMBH. SERGIO CORBUCCI IS THE ÄKSCHN GMBH, Sergio Corbucci, dessen weitere Meisterwerke wie »Leichen pflastern seinen Weg« (im Original »Il grande Silenzio«, der große Schweiger, NOT TILL PLEASE) wenig später in mein Leben traten.

Corbucci, der angeblich an einer unglücklichen Liebe siechte und später nur noch (WAS HEISST HIER: NUR NOCH, schreit der Meister) wunderbare TRASH-FILME mit UNTER ANDEREM Bud Spencer drehte. In einem dieser Filme sind sie auf einer Insel, UNTER ANDEREM mit einer

Piratenbande und einem japanischen Soldaten, der nicht weiß, dass der KRIEG schon seit Jahrzehnten zu Ende ist. GEMEINSAM SUCHEN SIE EINEN SCHATZ. Kurzgeschichten schreiben, die auf Inseln spielen, Kurzgeschichten mit Bud Spencer und Terence Hill schreiben. Bud Spencer ist die ÄKSCHN GMBH, Terence Hill ist die ÄKSCHN GMBH. ZWEI BÄRENSTARKE TYPEN.

THE DEFENDERS SIND DIE ÄKSCHN GMBH.

Die DEFENDERS sind eine Gruppierung von Superhelden und Mutanten, sie sind nicht organisiert wie etwa *die Rächer* oder *die Fantastischen Vier*, und die Mitglieder der DEFENDERS wechseln immer mal wieder. Die DEFENDERS sind u.a. *Son of Satan* alias *Daimon Hellstrom*, *die Katze* alias *Hellcat*, das *Biest*, der *Hulk*, die *Walküre*, der *Gargoyle*, der kosmische *Silver Surfer* mit der kosmischen Kraft, der Magier *Dr. Strange*, der lebt in New York.

Die Walküre stirbt in einem der dicken Comics, die ich bei Beate 1992 kaufe, DR. HECKLER, ein korrupter Industrieller, der einen unterirdischen Komplex zur Waffenfabrikation betreibt, erschießt die Walküre. Aber sie wird immer wieder auferstehen, denn sie ist die Walküre, denn sie reitet durch Walhallas Tore.

»Laut waren sie, ja laut, da sie über den Hügel ritten, sie waren hochgemut, als sie über die Lüfte ritten. Schirme dich nun, wenn du ihre Feindschaft bestehen willst: Heraus, kleiner Speer, wenn du drinnen bist! Ich stand unter dem Lindenschilde, unter dem lichten Schilde, da die mächtigen Weiber ihr Heer ordneten und ihre sausenden Speere entsandten. Ich will ihnen einen anderen fliegenden Speer von vorne entgegensenden: Heraus, kleiner

Speer, wenn du drinnen bist!« Lächelte Beate? *Uwes Speer und Uwe Speer, und der Weg fällt nicht mehr schwer.*

Walküren wählen die Männer aus, die dem Tode erliegen. PKK-WALKÜREN VS. IS, WALKÜREN VS. WALKÜREN, WALKÜRENPORNOS, the ÄKSCHN GMBH likes PKK.

Aber am meisten rührt mich das Schicksal des Gargoyle. Er war ein alter Mann, der den Untergang seiner kleinen Stadt aufhalten wollte, inmitten der amerikanischen Depression der 80er Jahre, der IMMER-JAHRE, er paktierte mit Dämonen, mit der Dunkelheit, die ihn in einen geflügelten menschlichen Drachen transformierten und seinen Alterungsprozess stoppten. Er bezieht seine Energie aus Menschen, er saugt sie aus. Der Gargoyle weiß, dass er alles falsch gemacht hat, und will dennoch dem Guten dienen. DIE ÄKSCHN GMBH LIEBT DEN GARGOYLE, DIE ÄKSCHN GMBH LIEBT FIKTIONEN, DIE ÄKSCHN GMBH ERSCHAFFT SICH SELBST, DIE ÄKSCHN GMBH BRAUCHT KEINEN FÜHRER, DIE ÄKSCHN GMBH IST EINE ÄKSCHN GBR.

Und Django zieht einen Sarg hinter sich her. Durch Schlamm und Wüste und Berge.

In dem Sarg befindet sich ein MG. Ein Bren. Ein Bren ist ein Brno-Enfield-MG. Bekannt aus WK 2. Bekannt aus MEYERS Roman »Im Stein«.

Und Franco Nero spielt einen Veteranen der ROTEN BRIGADEN in Stuber/Meyers Tatort-Projekt »Der Angriff«. Kommissär Murot und die Eingeschlossenen basteln ein Funkgerät und funken Franco Nero an, der seit den 70ern in einer Platte in O-Town lebt, einst als Kronzeuge untertauchte, der Alte mit der Wanderkugel hat ihm zu seiner neuen Identität verholfen, damals. In seinem Radio ist seit

DEN 70ERN und immer noch ein altes CB-FUNKGERÄT eingebaut. Und wenig später taucht er auf, im Zwielicht der nicht enden wollenden Sonnenfinsternis, OLD NERO, in Anzug und Mantel, mit einem BORSALINO auf dem Kopf. Er zieht einen Blech-Sarg hinter sich her durch den Staub der Brache, auf der das belagerte Polizeimuseum steht.

Die Angreifer, die Zombies, die schweigenden gemischten Horden mit ihren schallgedämpften Waffen sind anfangs wie paralysiert. Wer ist dieser Mann, und wo will er hin mit seinem Sarg? Ist er vielleicht sogar einer von IHNEN?

Der alte Rot-Brigadier NERO öffnet den Sarg, *and once again* IT'S MACHINE GUN TIME. Die Brache wird zu einem großen Friedhof --- Sterbend, auf der Treppe zur Wache liegend, führt Nero mit dem Alten mit der Wanderkugel einen letzten großen Dialog über das Leben, die Utopien, die Dämonen der Roten Brigaden, WOHIN WOLLTEN WIR DAMALS, *diese Welt muss unser sein, nicht der mächt'gen Geier Fraß …*

Mit meinem Freund J.H., dem ich Jahre später meinen Roman »Als wir träumten« widmen werde, gehe ich nachts auf den Ostfriedhof. Wir schauen zusammen alle meine VHS. Meistens in meinem Keller. Als er Grabsteine umwerfen will, als wir sie gemeinsam umwerfen, versuche ich, ihn daran zu hindern. Er bekommt später, 2002, ein kleines Urnengrab, damit er nicht seinen eigenen Grabstein umwerfen kann. Er hat seinen Schatten verkauft. Das große H wie Hades wie Hero hat ihm seinen Schatten abgeschwatzt. Die Welt hinter dem dunklen Spiegel, in der er starb, ist unsere Welt.

Ist die Welt in FfM, ist die pissestinkende Welt in FfM, FfM ist Germania, ist die Pest, ist die Opiumstraße, wann bricht die Pest aus im kranken Fleisch, ist die Welt der SUCHT, ist die Welt einer SUCHT-SOAP, DEUTSCHLAND SUCHT DEN SUPER-JUNKIE, wir sehen das kranke Fleisch auf seinen Wegen durch den Tag, da wird auch mal gelacht, wenn die Vene verfehlt wird, da wird auch mal ÄHDSCH im Discount gekauft im Schatten der Türme. »There is a Haus in FfM, they call the rising sun.«

Ein Haus im Schatten der Türme, da habe ich ihn wiedergesehen, tot wie eh und je. Inmitten der Zombies, die sich die Gifte injizierten. Das Gift der Nadel, das Gift der Türme. Ein Gewimmel dort, in diesem Haus, wo man sich zum LEBEN und zum STERBEN auf die BORDSTEINE legt. Als wäre der Meister BOSCH mit seinem HIRONYMUS-HAMMER da drübergeschreddert. Ein Mensch hat 2 Arme, um sich 2 Nadeln in die 2 Arme zu drücken. Wir leben, und es stört uns nicht. Wir geben, und es stört uns nicht. DIE ÄKSCHN GMBH IST KEINE MORALINSTITUTION! DIE ÄKSCHN GMBH IST NUR EINE BEOBACHTENDE INSTITUTION, sie beobachtet und folgert, beobachtet und folgert ... GEH UND SIEH.

Am Rande der Stadt, direkt neben unserem Viertel, liegt ein Wäldchen. In »Als wir träumten« nannte ich es *Ostwäldchen*. Hinterm Ostwäldchen lag das Palasttheater, das auch in »Als wir träumten« Palasttheater hieß. Ein Kino, das schon immer alt gewesen zu sein schien. Holzsitze, die mal laut, mal leise knarrten, auch der Filmvorführer und die Kartenabreißerin und Verkäuferin waren alt und wie aus einer anderen Zeit. Dort schauten wir Filme wie »Der lange

Ritt zur Schule«, ein Junge in der DDR träumt sich auf dem Weg zur Schule und während der Schulstunden in den *Wilden Westen.*

Als ich wieder einmal, 2015, um nachzudenken, meine Arbeitswohnung verlasse und erst *Richtung* Ostwäldchen und dann *durchs* Ostwäldchen laufe, das in Wirklichkeit Stötteritzer Wäldchen heißt, denke ich wie meist an J.H., mit dem ich in diesem Wäldchen sehr oft unterwegs war, als Kinder und später als Jugendliche.

Wir haben auf dem kleinen Hügel, der sich genau in der Mitte des Wäldchens befindet, versucht, eine selbstgebaute Rakete von einer Rampe zu starten, und dabei fast den Wald in Brand gesteckt. Jules Verne brachte mich auf die Idee. Mein Freund J.H. las nicht so viel, aber als ich ihm von der Rakete erzählte, war er sofort begeistert. Eine Explosivmischung, die ein Projektil Richtung Himmel treibt. Wie in »Von der Erde zum Mond«. IST DAS DIE WELT, DIE WIR UNS ERTRÄUMTEN?

Später erst begriff ich, dass Doktor Verne, den ich bis heute verehre, als Schriftsteller und Ingenieur, natürlich wusste, dass es die Insassen der Rakete zerquetschen musste, O GEH UND SIEH, bei diesem abrupten Start bzw. die Kanone zu kurz war und die Erdanziehung zu groß für die Feuerkraft. ABER AUF ZU DEN STERNEN, AUF, AUF.

Der Baltimore Gun Club unter seinem Vorsitzenden J.T. Mason, der eine Eisenplatte im Kopf trägt, baute die gewaltige Kanone. Später versuchte J.T. Mason im Roman »Kein Durcheinander« mit einer ähnlichen Kanone, die Erdachse zu verschieben, um den Nordpol fruchtbar zu machen. AUF, AUF, J.T. MASON, AUF, AUF!

Ich gehe in der Abenddämmerung durch das Wäldchen, sehe den kleinen Hügel, auf dem wir unsere Kanone, die aus Kochtöpfen und leeren Konservendosen gefertigt war, in Stellung brachten. Chemikalien, Schwarzpulver, Bohnerwachs, einen teuflischen Kleber namens *Kittifix* und anderes hatten wir über Wochen zusammengemixt. Alles hatte ich in einem kleinen Büchlein dokumentiert.

Verrücktheiten dokumentieren, Dokumentiertes verrücktmachen.

Glaubten wir an dieses Vorhaben des Raketenstarts? Nannten wir es SPUTNIK HERRMANN/MEYER nach unseren Nachnamen?

Die Rakete, der Sputnik bestand aus einer modifizierten Fahrradlampe. Die Detonation schleudert sie in die Büsche, die sofort Feuer fangen. Wie wahnsinnig vor Angst schaufeln wir Erde mit den Händen auf die Flammen, dann rennen wir weg. Und als ich, Mai 2015, auf einer Bank in dem abendlichen Wäldchen sitze, denke ich, dass *sein Geist*, oder wie immer man das auch nennen will, vielleicht hier Frieden gefunden hat.

WOZU LITERATUR? Ich weinte nachts in meinem Zimmer, wenn ich Joseph Roths »Hiob« las. SENTIMENT ODER ZORN ODER ALLES? Wir bestehlen die alte Frau in ihrer Wohnung, wenn wir nicht meine VHS schauen. Beate hätte das nie getan. Auf dem Friedhof gibt es ein großes Gräberfeld, auf dem Soldaten der Roten Armee liegen.

Jahre später gehe ich am Randes des Friedhofs mit meinem Hund spazieren und bekreuzige mich in einem fort, weil ich das Gefühl habe, die Seelen wären mir böse, weil mein Hund an den Rand des Friedhofs kackt. Die Soldaten der Roten Armee liegen in fremder Erde. Ob die Frieden gefunden haben wie mein Freund J.H.?

DIE ÄKSCHN GMBH HASST JEDE FORM DER ESOTERIK, DIE ÄKSCHN GMBH FÜHRT BUCH ÜBER DIE UNSINNIGSTEN GESPRÄCHE. Dialoge lerne ich im permanenten Selbstgespräch. Die alte Frau ist ein Gargoyle geworden. Ich sehe den Gargoyle über den stummen Wipfeln des Ostwäldchens, das in Wirklichkeit Stötteritzer Wäldchen heißt.

Seit ich als Kind den Roman »Die lila Kugel« las, sinniere ich über die Möglichkeit von Zeitreisen.

Die Zeit ist ein Spiegel, Alisa. Das Mädchen Alisa ist in den Weiten des Raums unterwegs. »Die lila Kugel« ist eins der ersten Bücher, die ich mir selbständig in einem Buchladen kaufte – ich war vielleicht 10 Jahre alt. Später entdeckte ich in den Kinder- und Jugendbibliotheken, dass es Fortsetzungsromane mit dem Mädchen Alisa gab. O ELISA, du reitest mit einem Schwan durchs All. Ich verliebte mich.

Den Rest der unendlichen, nicht enden wollenden Geschichte der Äkschn GmbH können Sie hier in den nächsten Vorlesungen verfolgen, unter anderem mit Gastauftritten von Beate Zschäpe, vom großartigen Schriftsteller B. Traven, dem Gastauftritt von Hubert Fichte, mit dem Versuch, einen Kanon zu erstellen, DIE ÄKSCHN GMBH HASST DEN VERSUCH, EINEN KANON ZU ERSTELLEN, DENN EIN KANON DISKREDITIERT, EIN KANON GRENZT AUS, EIN KANON SELEKTIERT, und die Äkschn GmbH selektiert SELBSTVERSTÄNDLICH auch, so wie es der Äkschn GmbH gefällt …

Zum Schluss noch ein Dialog, den ich in mühevoller Kleinarbeit aus dem Buch »Wozu Literatur« von Wilhelm Girnus …, Wilhelm Girnus hat, OBWOHL ein furchtbarer Kultur-Apparatschik, Redakteur des »Neuen Deutschland«, einer der Anzettler der sogenannten Formalismus-Debatte in den 50er Jahren in der DDR-Malerei, ein großartiges Buch geschrieben mit einem Top-Ten-Titel »Wozu Literatur?«, also aus diesem Buch habe ich mir einen fiktiven Dialog …, einen Dialog, einen fiktiven … IN DER ÄKSCHN GMBH IST NICHTS FIKTIV, DIE ÄKSCHN GMBH EXISTIERT, SIE EXISTIERT GENAUSO WIE WINNETOU, WIE DER ZAUBERBERG, wie ich, WIE SIE …

»Du deutest an, dass *im* Pathos eine bestimmte Art und Weise des Bewertens der Erscheinungen der Realität manifest wurde?«

»So ist es. Das satirische Pathos bei Brecht ist ja seinem Wesen nach nicht nur die höhnende Abwertung des bestehenden Alten durch die ideelle Unterstellung der Möglichkeit eines besseren Neuen, sondern auch die spöttische Auflösung unserer eigenen ›absoluten‹ Vorstellungen vom Bestehenden.«

»Brechts Satire richtet sich demnach nicht nur gegen die überholten gesellschaftlichen Verhältnisse, sondern unmittelbar – und nicht nur mittelbar wie in anderen Satiren – gegen unsere Abbilder davon in unserem Kopf? Das wäre mithin Satire in der zweiten Potenz!«

»Richtig! Es verbirgt sich eben keineswegs bloße Didaktik dahinter, wie man es manchmal zu lesen bekommt, sondern unmittelbare Einwirkung auf unsere Intellekt-Affekt-

Spannung mit künstlerischen Mitteln und nicht nur mit rhetorischen oder pädagogischen Tricks.«

»Folge ich deinem Gedankengang, dann wäre Brechts Verfremdungsaffekt ja ein Stück moderner sokratischer Ironie in künstlerischer Gestalt.«

»Es scheint sich so etwas wie eine neue künstlerische Mäeutik dahinter zu verbergen.«

»Mäeutik?«

»So nannte Sokrates sein Verfahren! Hebammen-Kunst. Bei Brecht als Reizmittel einer groß angelegten Satire gegen das Ganze der bürgerlichen Welt. ›Vorgänge und Personen als vergänglich darstellen‹, so sagt er selbst – und unsere Gedanken! So *denkt* er!«

»Um dem möglich gewordenen Neuen zur Geburt zu verhelfen?«

»Hier zeigt sich übrigens, dass Pathos eine Art gewollter Stress ist. Ohne einen gewissen Stress kann der Mensch gar nicht leben.«

»Halten Sie das nicht für etwas übertrieben, Dr. Knollentief?«

CUT-UP (zehn Thesen)

1

Sigurd ist niemals in Worms gewesen. Er ist weit im Norden gewesen, wo die Götter wohnen, wo Breivik wohnt, wo Walhalla ein Saal aus Eis ist, WO IST DENN GERMANIA, schrie Sigurd, und Loki, der heilige Lügner, der wundersame Loki, der in der Gestalt der Google-Schlange bzw. des Google-Lindwurms gen Ginnungagap kriecht, endloses Kriechen des endlosen Leibes, endloses Fließen im Leib dieses Schlangenmannes, der auch Frau zugleich ist, wie der unsterbliche Orlando, der sich einst mit Sigurd paarte.

Odin allerdings war gegen die Homo-Ehe. »Ich kannte Freddie Mercury gut«, sagte Odin in einem Interview mit dem »Rolling Stone«, »glauben Sie mir, der hätte nie geheiratet, das war was für Spießer! Und Allen Ginsberg, den ich Anfang der 50er in der Klapsmühle ›Rockland‹ kennenlernte, stockschwul, aber heiraten, nee! Glauben Sie mir, ich liebte Freddie, *Love kills, scars you from the start*. I am with you in Rockland! *Welche Sphinx aus Zement und Aluminium schlug ihre Schädel auf und fraß ihre Hirne und Vorstellungskraft?*«

»Bleiben Sie ganz ruhig, Mr Odin, wir bringen Sie wieder auf Ihr Zimmer, Mr Odin, es ist mitten in der Nacht, so haltet ihn doch endlich fest!«

yacketayakking screaming vomiting whispering facts and memories and anecdotes and eyeball kicks and shocks of hospitals and jails and wars, WO IST GERMANIA, SIGURD, WO BIST DU, SIGURD?

GERMANIA ist DANKE MAMA am *Mothersday 2000*, SEI GUT ZU DEINER MUTTEL, JUNG-SIGURD FREUD, Trümmerfrauen-Mothersday, *Wer zerschnitt mir die Brünne? Wie brach mir der Schlaf?*, Ausgeburten aus Ruinen, »Ausgebuht werde, wer Ruhe störe sterbe«, GERMANIA ist stiller Muttertag mit Beate, Beate stillte die Krieger an ihrer Brust, nordische Rasse GERMANIA-OST, ist Muttertag mit Uschi, GERMANIA ist BEAT-STREET IN DER BEATE STRASSE, A-SAFT ODER O-SAFT, Uschi ist A, EINS, ist Apanatschi, Halbblut-Busen, ZWEI, gläsernes Lächeln, gläserner Schlüssel, THE GLAS KEY to your Muschi, DREI-LOCH-STUTE BEATE, Uschi war so sexey in the Sixties, Germania ist DOKTOR MAY, GERMANIA ist BuGa, BuGa ist Blume Zwotausend, BuGa ist DOKTOR SCHREBER & DOKTOR GÜNTZ, DOKTOR KOCH & DOKTOR HECKLER, DOKTOR GÜNTZ erbaute 1839 vor den Toren der Stadt L. eine Irren-, Heil- und Pflege-Anstalt, umgeben von einem großen Park, *Bundesgartenschau*, GERMANIA ist SÜDOSTEN, ist North by Northwest, wo die Irren wohnen, wo Doktor Güntz pflegt, wo DOKTOR HECKLER hegt, GERMANIA ist grün im Südosten der Stadt L., Germania ist der GÜNTZTURM, übrig geblieben einzig von der KLAPSMÜHLE, nun ein Bürgerpark, ein Würgerpark, I AM WITH YOU IN ROCKLAND, GERMANIA ist das Relief am Güntzturm, im Sandkasten vorm GÜNTZTURM spielte ich 1984 mit Indianerfiguren »Winnetou und das Halbblut Apanatschi« nach, der Eingang zum Güntzturm, zum Schlangenturm, wurde später zugemauert, die Irren waren zu laut geworden …

Sigurd lockte Loki in den Güntzturm, wo Loki zum Loco wurde und zwischen den Irren verschwand, Sigurd war GRÄBERUNENDLICHKEIT, Sigurd erfand einen Joghurt im Jahr 1999, als er auf das Große RAGNARÖK wartete, in seinen Träumen ist der Drache, den er nie tötete, ein Riesenpenis, Odins Penis? Litt Sigurd unter Penisneid? Rechtsdrehende Milchsäurebakterien sind das Geheimnis des leckeren SIGURD-JOGHURTS.

Mister Odin wurde sediert, keiner glaubt mehr die alten Legenden, festgeschnallt auf seiner Pritsche, *ich hänge, Arme und Beine vom Körper abgespreizt, an der Wand fixiert,* gekreuzigt auf seiner Pritsche, keiner glaubt mehr die alten Legenden, SIGURD, WO BIST DU, BEFREIE MICH … Odin sieht aus wie ein bärtiger Penner mit Augenklappe. UNDERCOVER, später wird er eine SOKO gründen und dann wieder eingeliefert werden, in der Klapsmühle trifft er seinen Sohn Loki wieder … Aus der Akte Odin:

Die Betrugsakte Deutsche Bank enthüllt, wie die Manager aus den Ressorts Compliance, Steuern, Recht und Investmentbanking (CMS) agierten, um in Zeiten der Finanzkrise Profit herauszuschlagen. Trotz offensichtlicher Risiken, AUF GOLD UND GLAS, AUF DEM GLÜCK DER MENSCHEN / IN WEIN UND WÜRZE, AUF DER WALA SITZ, / AUF GUNGNIRS SPITZE UND GRANIS BRUST, / AUF DEM NAGEL DER NORN UND DER NACHTEULE SCHNABEL, trotz Warnhinweisen bezüglich Kunden, trotz Geldwäscheanzeigen gegen kriminelle CO2-Händler machten die DB-Broker einfach weiter. Laut dem Ermittler-Report wird gegen 26 teils ehemalige Bankmit-

arbeiter ermittelt, darunter auch gegen den heutigen CO-Bankchef Jürgen Fitschen und Finanzvorstand Stefan Krause. Sie sollen, GESELL UND GESELL, WELCHER GESELL ERZEUGTE DICH, / WAS BIST DU MIR EIN MENSCHENKIND? / DER IN FAFNIR FÄRBTEST DEN FUNKELNDEN STAHL; / MIR HAFTET UM HERZEN DEIN SCHWERT, eine falsche Umsatzsteuererklärung für das Jahr 2009 unterschrieben haben, was diese jedoch bestreiten. Fitschen hatte seinerzeit nur unterzeichnet, weil der damalige Bankchef Josef Ackermann dienstlich unterwegs gewesen war. Den Umsatzsteuerschaden für die Bank beziffert die Soko Odin auf gut, GIFT BLIES ICH, DA ICH AUF DEM GOLDE LAG / DEM VIELEN MEINES VATERS.

I AM WITH YOU IN RAKETENLAND. I AM WITH YOU auf den Meeren …

Sigurd streift durch die Nacht der Jahrhunderte, auf der Suche nach seiner Brynhild, ICH BIN KEIN MÖRDER, ICH HABE KEIN FLEISCH GEKOSTET, MÖRDER 1 UND MÖRDER 2 UND MACBETH HAB ICH IM GÜNTZTURM ERSCHLAGEN, ICH TRÄUME NUR VON DEN DRACHEN.

Meine Brynhild sitzt in einer gläsernen Zelle, ich träume, dass ich selbst der Drache bin und mich in mein Schwert stürze, aber am Ende sitze ich in einem Bürgerpark und trinke Met. Auf Drachenbooten wollen wir den Fluss hochfahren, dem Herzen der Finsternis zu, die Flüsse drängen vom Meer zur Quelle zurück, die Ruder stechen in die Leiber …

Ich bin Sigurd, ich bin noch nie in Worms gewesen …, verwesen …, Sigurd spielt, er daddelt in einer der Lichtexplosionen, die neben seinem Weg liegen, Sigurd spielt, Geld wirft er nach, immer in den Schlitz, Heimdall spielt auf, wenn Sigurd gewinnt, Sigurd ist im Inneren der großen Maschine, links und rechts sitzen die bärtigen, einäugigen Götter an den Maschinen, Sigurds Blick flackert, wie seine Hände auf den Automaten flackern …

SIGURD-JOGHURT inside der großen Spielmaschine … Sigurd schwitzt … Sigurd spielt, als wenn das Ragnarök auf seinem SCREEN aufblitzen würde … Aber da ist nur er … Sigurd liebt die Sonne des Doktor Gauselmann … WHO IS DR. GAUSELMANN, will ich stecken mein Stück Stahl in diese Sonne … Bahnhofstraßen quert Dr. Sigurd, schwarzes Fleisch quert Sigurd, zittert Dr. Sigurd?, Gauselmann is the Männ of the Casinos … WIR SITZEN IM INNEREN DER GROSSEN MASCHINE … *Ich hänge, Arme und Beine vom Körper abgespreizt.*

»Bleiben Sie ganz ruhig, Mister Sigurd, wir spritzen Ihnen da schnell was, da geht's Ihnen besser. Da sind Sie ganz schnell in Ihrem Paradies!«

»Walhalla, ihr Idioten, Walhalla! Nix Allah! Das ist eine Verwechslung!«

Selber schuld, wer so achtlos durch die Jahrhunderte schreitet.

Mit dem Zauberer Krabat und Orlando bin ich durchs Sorbenland gewandert, wir haben die schwarze Mühle gefunden, Tarnkappen und Drachen und Gold auf dem Grund. Wenn ich mich in mein Schwert stürze, verbiegt mein Schwert, als wäre es aus Plasten & Elasten …

Ich habe mich blutverschmiert im Hanf gewälzt, unter den Linden werde ich Brynhild finden … *Er – denn es war kein Zweifel über sein Geschlecht möglich, wenn auch die Mode der Zeit bemüht schien, es unkenntlich zu machen –, er also war damit beschäftigt, den vom Sparrenwerk herabbaumelnden Kopf eines Mohren säuberlich zu zersäbeln. Dieser Kopf hatte die Farbe und mehr oder weniger auch die Form eines alten Fußballs … Orlandos Vater (vielleicht war es auch sein Großvater gewesen) hatte den Schädel von den Schultern eines gewaltigen Heiden heruntergeschlagen, der sich unter dem Mond der barbarischen Schlachtfelder Afrikas wider ihn erhoben hatte; und nun hing er in dem mächtigen Hause des Lords, der ihn abgehauen hatte, und schwang sacht schaukelnd und unablässig in der Brise, die ohne Unterlass durch die Räume des Dachgeschosses strich. Orlandos* und Sigurds *Väter waren auf vielen Schlachtfeldern geritten.*

Da konnte ich erzählen, was ich wollte, ja, ja, die Wahrheit, die Legenden, in der Klapsmühle bin ich gelandet, einmal sogar auf dieser kubanischen Halbinsel, in einem Käfig aus fließendem Wasser, in einem Käfig aus fließendem Stahl … Wir sind der Lindwurm, der sich vom Schwanz her selbst auffrisst … Und in mein Schwert stürzte ich mich immer wieder …, aber das wissen Sie ja schon.

Krabat, der sorbische Zauberer, hat mich vor den Wölfen gewarnt. Da bin ich schon ganz wirr im Kopf … Wölfe, Lindwürmer, Raben, einäugige Penner, die unbesiegbare Google-Medusa, jo-ho-ho und ’ne Buddel voll Met.

ICH BIN BEATE, DIE WALKÜRE IN IHREM GEFÄNGNIS AUS LICHT, BEFREIE MICH, ICH WILL DEINE BRYNHILD SEIN …

»Fuck you«, sprach Sigurd und stieg in sein Drachenboot. Reboot. Und nach Worms zu regten sie die Ruder, die Elbe hoch, nach Dresden zu, dem Meer zu, das Meer im Rücken.

Und von allen Seiten hängten sich die Sprechblasen an

ihre Ruder, hielten die Ruder, aber sie regten die Ruder im Takt …

Und nahmen an Bord die Erschöpften und die Verwirrten …

2

Explosionen, Fleisch und Wort, die Zeit aus den Fugen, Worte sind Atome, wer ist der Donnergott, wo ist der Donnergott, gibt es den Donnergott, Lokis Bruder, Brothers in Arms, Oh ATOMINO, du vergessenes Kinderbuch, I am with you in Rockland, Sigurd hört das Donnern, Untergrund, Sigurd verließ das TOTENSCHIFF, I am with you in Untergrund, HAMMERSCHWINGEND in die TIEFE …, aus der TIEFE, TIEFE ist der GLÖCKLEINTON, TIEFE ist Franz Fühmanns Bergwerk, TIEFE sind die dunklen Brunnen,

Die Richtung der Märchen; tiefer, immer
zum Grund zu, irdischer, näher der Wurzel der Dinge,
ins Wesen.

Wenn die Quelle im Brunnen nicht springt
und ratlos die Bürger sich stauen:
Held Hans hebt den Stein, der im Wasser liegt,
da hockt eine Kröte darunter,
die Kröte muss man töten,
dann springt der Quell wieder rein.

Die Spindel fiel in den Brunnen,
das Mädchen sprang in die Tiefe,
unten tat sich ein Pfad auf,
der führte zur weisen Frau,
die lohnte gerecht mit Gold oder Pech
im Lande tief unter dem Brunnen.

Als er gegen den Drachen zog,
musste der Held durch den Schacht hinab,
den Drachen in der Höhle zu treffen.

Er sagte: »Lasst mich hinunter, und wenn ich
vor Angst an den Strängen zerre, dann folgt meinem Zerren nicht,
lasst mich noch tiefer hinunter, und je mehr ich zerr, desto tiefer lasst mich hinunter.« Und
sie ließen ihn hinunter, und er zerrte, und sie ließen ihn tiefer hinab,
und er kam, zerrend, in die Höhle,
und er besiegte den Drachen.

Dem Grund zu, die Richtung der Märchen,
dem Grund zu, wir zerrn an den Strängen,
dem Grund zu, wir zerrn an den Strängen,
dem Grund zu: Wir zerrn an den Strängen …

(In der Dunkelheit traf Sigurd Franz Fühmann, der einst den jungen Wolfgang Hilbig förderte, der Schnaps wie Wasser trank, weil er so zerrissen war, sein Gesicht und sein Inneres voller Krater, der ’46 von der ANTIFA-Schule aus Moskau zurückkehrte, in die er als Kriegsgefangener gekommen war, und einen Traum vom Sozialismus träumte, der von der TIEFE schrieb und die Königin der TIEFE suchte, der den GLÖCKLEINTON, von dem schon E. T. A. Hoffmann schrieb, endlich hören wollte in seinem Land der DEUTSCHEN DEMOKRATISCHEN REPUBLIK, der aufhörte, Schnaps zu trinken, und in den Berg einfuhr und mit den Kumpels Erz schlug, um den Kern zu finden, in der Tiefe, unterm Land, der suchte und hoffte und bitter enttäuscht suchte und hoffte und zu früh starb, »ich habe grausame Schmerzen. Der bitterste ist der, gescheitert zu sein: in der Literatur und in der Hoffnung auf eine Gesellschaft, wie wir sie alle einmal erträumten«, ist er vergessen? Nichts ist vergessen in der TIEFE, alles bleibt in der TIEFE, kühl ist's.)

»Es ist immer Hans«, sage ich zu Sigurd, »der das Glück besitzt, der Eisenhans, und der, der das Grauen sieht und sich nicht graut.«

»Fuck you«, sprach Sigurd und stieg in sein Drachenboot. Viele Jahre, mehr als die sieben, blieb er verschwunden. Dann tauchte er in den Prärien wieder auf.

»Nennt mich Old Shatterhand.«

3

Dr. May war müde geworden. Jahre der Mühen lagen hinter ihm.

Verklagt und als Lügner geschmäht, saß er allein in seiner Villa Shatterhand, auf einem Berg in Radebeul, ganz in der Nähe Dresdens, und wartete. Wartete Abend für Abend, dass ihn seine Freunde aus all den Welten, die er bereist hatte, besuchten. Den treuherzigen Neger Quimbo, den er in den Weiten des südlichen Afrikas kennengelernt hatte, vermisste er am meisten. Winnetou lag nun schon so viele Jahre in seinem Felsengrab auf der anderen Seite des großen Ozeans, dort, wo alles begonnen hatte. *Am Anfang war Amerika.*

Quimbo, ein wackerer Basuto-Kaffer, hatte Dr. May einmal in Deutschland besucht, 1899, unendlich lang her kommt es dem Alten jetzt vor. Er hatte als EXOT unzählige Interviews gegeben, u. a. der Frauenzeitschrift »Die Gleichheit«, die von der unvergessenen CLARA ZETKIN, Mitbegründerin der USPD, herausgegeben wurde, und »Kolonie und Heimat«. Er erlebte amouröse Abenteuer mit deutschen HAUSFRAUEN.

DIE AUS FUNK UND FERNSEHEN ALLSEITS BEKANNTE GMBH WEIST DAS GERÜCHT ZURÜCK, QUIMBO HÄTTE DAMALS DIE DACHDECKERFIRMA NEGER gegründet, die in letzter Zeit Opfer eines Scheiße-Sturms geworden ist, weil ihr Logo seit fast 80 Jahren einen hammerschwingenden stilisierten SCHWARZEN zeigt. Der Gründer der Dachdeckerfirma Neger heißt ERNST NEGER. Der Ursprung des Nachnamens NEGER ist wahrscheinlich der NÄHER, Forschungen der allseits bekannten GMBH ergaben, dass es bereits im Mittelalter einen deutschen Ritter namens NEGER gab, der mit Parzival verwandt war, Parzival, der einst mit Sigurd den Gral suchte und den ewigen Ring schmiedete, der immer wieder krachend bricht. »Heinerich, der Wagen bricht.«

»Nein, Herr, der Wagen nicht, / es ist ein Band von meinem Herzen, / das da lag in großen Schmerzen …«

Dr. May träumte seinen Traum von ARDISTAN, wo Neger, Indianer, Südseekönige und Chinesen, Araber, Deutsche und andere Völker zusammenlebten. *Glücklich bis ans Ende ihrer Tage.* »Aber ich klage die ganze sich ›zivilisiert‹ nennende Menschheit an, dass sie trotz aller Religionen und trotz einer achttausendjährigen Weltgeschichte noch heutigen Tages nicht wissen will, dass dieses ›Zivilisieren‹ nichts anderes als ein ›Terrorisieren‹ ist!«

Dr. May hatte vor vielen Jahren, die ÄKSCHN GMBH hält als Jahr 1870 für möglich, als er sich das erste Mal nach Amerika einschiffte, in New York Dr. Friedrich Gerstäcker aus Braunschweig getroffen. Dr. Friedrich Gerstäcker, bekannt durch Bestseller-Romane wie »Die Regulatoren von Arkansas« von 1846 und »Die Flusspiraten des Mississippi« von 1848, hatte allerdings wenig Zeit für den jungen Autor. Wie der alte Goethe den jungen Heine mit einer kurzen Notiz in seinem Tagebuch abtat, so lesen wir in den Aufzeichnungen des Dr. Gerstäcker: »Einen gewissen May in New York getroffen, habe ihm meine Haifischzahn-Tatauierungen von den Inseln der Maori gezeigt, damit er versteht, dass es am Ende unsere Haut ist, auf die wir schreiben.«

4

Loki gräbt sich, im Güntzturm gefangen, immer tiefer in den Grund.

Oh ihr Träume von der Welt, GERMANIA war Waldheim, war die einsame Zelle, aus der Dr. MAY stieg, LOESTS und

MAYS sieben Jahre, GERMANIA ist WALDHEIM und BAUTZEN, nach sieben Jahren kehrte Hans zurück zur Mutter, oh einsamer ZWERG NASE, Erich Honecker saß 10 Jahre bei den Nazis ein, und 1990 im selben Knast wie mehr als 50 Jahre zuvor. Der Letzte der Genossen, wie er mickrig und mit riesiger Hornbrille noch einmal die FAUST in den Himmel hob …

Sigurd ist niemals in Worms gewesen. Er ist in Waldheim gewesen und hat aus der Feste Zwickau durch die Gitter geschaut und Explosionen gesehen, Fleisch und Wort, er ist weit im Norden gewesen, wo die Götter wohnen. Krabat, der sorbische Zauberer, hat mich vor den Wölfen gewarnt …, ein Käfig aus Licht … Eine alte blinde Frau schenkt Sigurd ein Buch, »Das Totenschiff«, geschrieben von einem Mann, der in Mexiko verschwand, »Nennt mich Old …«, das Meer im Rücken.

Und von allen Seiten hängten sich die Sprechblasen an ihre Ruder, hielten die Ruder, aber sie regten die Ruder im Takt …

Doch ich lieg' nicht an einem Riff, / Ich fahre auf dem Totenschiff / So fern vom sonn'gen New Orleans / So fern vom schönen Louisiana.

Oh ihr Träume von der Welt. Sigurd liest im Güntzturm im Buch der alten blinden Frau, das Meer im Rücken.

»Er tat nur ein paar patschende Schläge. Dann sank er für immer weg. Ich starrte rüber zu dem Loch, in das er gefallen war. Ich sah es in unendlich weiter Ferne. Und ich rief: ›Stanislaw! Lawski! Bruder! Lieber, lieber Kamerad, komm hierher! Hoiho! Hoiho! Hierher! Hierher!‹ Er hörte nicht. Er kam nicht. Er kam nicht mehr hoch. Er tauchte nicht mehr auf. Da war kein Totenschiff. Da war kein Hafen. Da war keine Yorikke. Er tauchte nicht mehr auf. No, Sir.

Und das war merkwürdig. Er tauchte nicht mehr auf, und ich konnte es nicht fassen, wie das zuging.

Er hatte angemustert für große Fahrt, für ganz große Fahrt. Aber wie konnte er nur mustern? Er hatte doch kein Seefahrtsbuch. Sie würden ihn gleich wieder runterfeuern.

Aber er kam nicht hoch. Der große Kapitän hatte ihn gemustert. Und treu hatte er ihn gemustert, auch ohne Papiere.

›Komm, Stanislaw Koslowski‹, sagte der große Kapitän, ›komm, ich mustere dich treu und ehrlich für große Fahrt. Lass nur die Papiere. Brauchst keine bei mir. Fährst auf treuem und ehrlichem Schiff. Geh zum Quartier, Stanislaw. Kannst du lesen, was über der Tür steht?‹

Und Stanislaw sagte: ›Ja, Käpt'n – Wer hier eingeht, ist ledig aller Qualen!‹«

Was war das nur für eine Stimme? Sigurd wollte nach Mexiko reisen, um diesen Mann zu suchen. Oh diese Stimme. Wer ist dieser B. Traven? IST ER DER KÄPT'N DER ÄKSCHN GMBH? Ein Kanon ausgehend von B. Traven, gesungen von den Millionen der Internationale.

DIE ÄKSCHN GMBH HASST DEN BEGRIFF DES KANONS, ER KLAMMERT NICHT EIN, ER KLAMMERT AUS, ER SELEKTIERT, ER WIEDERHOLT NUR.

Sigurd will nach Mexiko reisen, aber er findet seinen Pass nicht. Als Old Shatterhand hatte er einmal an der mexikanischen Grenze, wo er den Ölprinz suchte, einen schlechten Taco gegessen und tagelang die Scheißerei gehabt. Eine Explosion. Wort und Fleisch.

Das Totenschiff ist Europa nach WK 1, ist Europa NOW, ist versinkende SPEKULATION, die Mannschaft im Unterdeck, die Toten im Unterdeck, das Totenschiff im MARE NOSTRUM, B. Traven existierte nicht, B. Traven war Ret Marut, war Richard Maurhut, war ein Gespenst der Revolution, war ein MANN IM DSCHUNGEL VON MEXIKO, verschwinden wie er, dachte ich einst, als ich Sigurd war, als ich Old Shatterhand war, verschwinden, nur das WERK gelten lassen, als ich B. Traven war, ZUM TODE VERURTEILT von den MÖRDERN der MÜNCHNER RÄTEREPUBLIK, verschwand er.

»Der Karren«, ein fast dokumentarischer Roman über den Alltag, das Leben eines Indios, eines sogenannten Carreteros, ein Mann, der einen Lastkarren zieht, er liebt ein Mädchen, das nennt er ESTRELLITA, Sternchen, und als Verbeugung vorm Meister nennt Sigurd, als er ich war, die GROSSE LIEBE DES ICHS in »Als wir träumten« Estrellita.

5

Sigurd ist niemals in Worms gewesen. Er ist weit im Norden gewesen, wo die Götter wohnen. Nur die Nornen sind ewiger als die Götter.

Sigurd sitzt bei der Blinden und schaut Fernsehen. Der Güntzturm ist ein Wohnzimmer, die Güntzturm ist eine Kanone, die ins All zielt, I am with you im Raketenland, der

Güntzturm ist eine Röhre durch die Zeit. »Wie spät ist es denn, Jungchen?« »Erst um neun, Frau Norne!« Am Sonnabend laufen viele Filme auf ARD und ZDF. Western, Film noir, Thriller, alte Komödien. Privatfernsehen bekommt sie nicht. Zwischen den Filmen stöbert Sigurd in ihren Schränken und Schubfächern. Betrachtet die junge Frau auf den Fotos. Auf einem Foto hält sie ihre kleine Tochter im Arm, da muss diese noch ganz frisch sein. Sigurd sieht die alte junge Frau und ihre Tochter heranwachsen auf den Fotos in den Schubladen. »Es gibt kein ICH«, sagt sie zu Sigurd. Im Fernsehen läuft Werbung für Sigurd-Joghurt. Ich bin gierig nach ROHSTOFF und weiß nicht genau, warum. Ich bin berührt von diesem Rohstoff. Die alte blinde Frau erzählt Sigurd oft von ihrer Tochter, die in den Westen gegangen ist, schon vor Jahren. Die sie nie besuchen kommt, »die ihre arme alte Muttel nie besucht«, so sagt sie es. Und so sitzen wir bei ihr und schauen Filme. Sigurd entdeckt in dem Zimmer mit dem Bücherregal einen alten Fernseher im edlen Holzgehäuse auf Standbeinen, 60er-Jahre-Design. EIN KÄFIG AUS LICHT.

Dort werde ich sitzen, IM INNEREN DER GROSSEN MASCHINE, ich erinnere mich, dass ich ihn irgendwann mit in unsere Wohnung, in mein Zimmer rübernehme, ERINNERUNGS-MASCHINE.

2 Programme kann ich sehen auf der uralten Holzkiste. Und so sehe ich die Filme, Nacht für Nacht, und auch CB-FUNK empfängt diese alte Kiste, und ich belausche die damals noch LEGIONEN zählenden CB-FUNKER. »Hallo, MANDY 68 AN RALF ZWO! WIR GRILLEN JETZT.«

»NU GLARO, wir kommen RÜBER!«

CITIZENS BAND RADIO, die »Stoßburg« über den CB-FUNK hören, aufgegeilte CB-FUNK-BIENEN, C. B. F. B., notgeile CB-FUNK-HAUSFRAUEN, ich will verschwinden in dieser RÖHRE AUS LICHT UND TON – ROBOTRON.

Und während die Zeitansage der Blindenuhr ganz langsam aus meinem Ohr verschwindet, ES IST NULL UHR UND, sehe ich einen hageren grauen Mann auf dem Bildschirm. Er blickt uns an. So dünn ist der Mann, dass ich erschrocken bin, wie dünn und hager der Mann ist. »Nennt mich Sigurd, nennt mich …«

Ist das DOKTOR BURROUGHS, der große Erfinder des CUT-UPs …, nein, es ist ein anderer Morphinist …, er spricht zu uns aus dem flimmernden Schwarzweiß:

»So besteht das Neue der Literatur in der Entdeckung der Unendlichkeit und eines großen Rauschens. Winzige Endlichkeiten scheinen uns bisher aus der Lebens-Unendlichkeit herausgestaltet zu sein, vernichtend bedrängt uns das UNGESTALTE, und nicht mehr als nur ein dürftiges Echo haben wir bisher vernommen von dem großen Rauschen, womit das Leben an uns vorüberstürzt. (…)

Und das ist das Neue: Der Unendlichkeit dieses Rauschens innezuwerden und, Gestalten schaffend, selber Gestalt zu werden, die vor der Unendlichkeit dieses Rauschens besteht.

Und das ist Neues: Wo immer im Vergangenen eine Gestalt wurde, ihr unseren Atem einzuhauchen – denn jede Gestalt sinkt ins Gestaltlose zurück, wird sie nicht fortgestaltet und neu gestaltet.«

Nur die Nornen sind ewiger als die Götter. Die Realität

existiert nicht, sagt der galaktische Topfheiler (Galactic Pot Healer) und sammelt die Scherben ein, um sie neu zusammenzufügen. Sigurd mischt Morphium unter seinen Joghurt, Sigurd mischt Morphium in den Joghurt der alten blinden Frau, Sigurd träumt von einem Hybrid aus Joghurt und Götterspeise.

Ich hab' den Rothenburger Altar voll unserer Gesichter gesehen.
Ich sah daraus das Bild unserer Zeit erstehn.
Ich sehe Galgen und Kreuze darin
Und Blöcke zum Köpfe-Rollen.
Es bricht aus dem Bilde das Blut heraus.
Es blutet an vielen Stellen.

Und PLÖTZLICH wird Dr. Becher, Kulturminister der DDR, großer Dichter und Morphinist, Gründungsvater des *Institutes für Literatur Johannes R. Becher,* immer dünner auf dem SCHWARZWEISS-SCREEN, in der SPULE aus Kupferdraht ist etwas geplatzt, nichts kann es aufhalten, ein immer kleiner werdendes Viereck …

Und das kleine Viereck wird ein kleineres Viereck, und das winzige Viereck wird ein leuchtender Punkt auf der Röhre, UND ER WIRD EIN LEUCHTENDER PUNKT AUF DER RÖHRE, bevor der LICHTPUNKT, wie ein Glühwürmchen in der Nacht, endgültig verschwindet …

6

»Die Formen der großen Epik in ihrer Beziehung zur Geschlossenheit oder Problematik der Gesamtkultur«.

GOJKO MITIC ist Gesamtkultur, ist Eastgerman Superstar, ist GERMANIA, DEPENDANCE OST, zuvor aber spielte Gojko Mitic unter anderem in »Old Shatterhand«, »Winnetou Teil 2«, »Unter Geiern«, die wurden in Jugoslawien gedreht, wo Gojko lebte, Sigurd ging 1992 als Söldner dorthin, das Land zerfiel, Explosionen aus Wort und Fleisch, ich habe mich blutverschmiert im Hanf gewälzt, Doktor May prozessiert ab 1899 gegen die Täter, Aufzeichnungen 1963–1965, »die ROTE Nation liegt im Sterben«, Silvester 1984 tranken die Eltern mit Sigurd, der als Gast kam, in einer sehr kalten Nacht Krim-Sekt, KRIMSKOJE, OH KRIMSKOJE, wertvoll wie das Gold der Indianer, wie das Gold Apanatschis, der Geist von MAVID POPOVIC wurde in jener kalten Nacht im Güntzturm gesichtet, wo sich Loki immer tiefer in den Grund gräbt, der Güntzturm ist eine Kanone, die auf den Mittelpunkt der Erde zielt, der Güntzturm ist der Riesenpenis des Mavid Popovic, der einst Intschu-Tschuna spielte, Winnetous Vater, in »Winnetou 1«, MAVID, der später die sozialistischen Western mit Kleinstrollen bereicherte, A-B-C-MOVIES, hatte einen gigantischen Penis, mit dem er HUNDERTE, WENN NICHT TAUSENDE Frauen beglückte, A-B-C-Alarm, er schrieb eine Biographie über seinen RIESENPENIS, ich muss Serbisch lernen, um die Biographie über seinen Riesenpenis lesen zu können ---

Meine Russischlehrerin ist sicher schon lange tot, Sigurd fuhr einst mit den Rudermännern, den RUS, den Fluss hinauf, und von allen Seiten hängten sich die Sprechblasen an ihre Ruder, hielten die Ruder, aber sie regten die Ruder im Takt …

Sigurds Russischlehrerin rauchte Kette und trank und war klapperdürr, und Sigurd und seine Klassenkameraden schleppten sie durch die sächsischen Wälder während der WANDERTAGE, *ihre Seele wohnt jetzt im Güntzturm*, der Eingang zum Güntzturm ist seit Jahren vermauert, ich suche Indianer, die in den Treibsand geraten sind, BÄCK TO SANDKASTEN.

WO BIST DU, TECUMSEH, der Pfad der Tränen, die Deportation der 5 ZIVILISIERTEN VÖLKER durch PRÄSIDENT JÄCKSON, die rote Nation liegt im Sterben, lese ich in »Winnetou 1«, *Doktor Mays Seele wohnt im Güntzturm, Tecumsehs Seele wohnt im Güntzturm.*

MACHT MILCH IN WAHRHEIT KRANK? Steht 2015 in einer E-Mail an Sigurd, man behauptet, er würde vorsätzlich das Volk vergiften mit seinem Joghurt, die große Google-Schlange schleppt die Gerüchte gen Ginnungagap, den Weltenabgrund, Gojko Mitic spannte Dean Reed, dem kommunistischen Cowboy aus USA, der einst in die DDR kam, die Frau aus, der Traum vom Sozialismus.

BEATE, DIE SCHÖNE BLUME, 1986 nahm DEAN REED Schlaftabletten, schnitt sich die Pulsadern auf und ging in den ZEUTHENER SEE.

GERMANIA ist TOD IM ZEUTHENER SEE.

GERMANIA ist EISENHANS, ist 162 Seiten Hass, IST IS, ist RAUCHFREIE AUTOS, ist EIN FELDWEBEL FÜR AFRIKA, ist die schöne somalische Rekrutin, IHRE HAUT WIE DUNKLES EBENHOLZ, deine Zähne sind wie eine Herde / frisch geschorener Schafe, / die aus der Schwemme steigen ...

GERMANIA ist *dark wie Ebenholz, SCHWARZWALD* ist Jenseits von Afrika (Feldwebel Sigurd verliebt sich in die schöne Rekrutin, die er ausbilden soll, als er stirbt, ist sie schwanger, sie flieht vor dem Krieg, sieht ihr Kind als Kindsoldat in ihren Träumen Menschen verbrennen --- Der Feldwebel verliebt sich in die schöne Rekrutin, die er ausbilden soll, als sie stirbt, geht er zurück nach GERMANIA, heiratet seine JUGENDLIEBE, die Walküre Beate, und träumt nachts vom Dschungel).

»Ich bin im niedrigsten, tiefen Ardistan geboren, ein Lieblingskind der Not, der Sorge, des Kummers. Mein Vater war ein armer Weber«, *Im düstern Auge keine Träne, / Sie sitzen am Webstuhl und fletschen die Zähne: / Deutschland, wir weben dein Leichentuch, / Wir weben hinein den dreifachen Fluch – / Wir weben, wir weben!*

7

Auf zu den Sternen! Auf, auf!

PERRY RHODAN IST DIE WELT DES PERRY RHODAN, DER EINST ZU DEN STERNEN FLOG. Sigurd liest gern. Er liest die neuesten Romane. Er liebt Science-Fiction, der Güntzturm ist eine Rakete, die beim Start verglüht. Perry Rhodan ist unsterblich.

»Wie kann das sein, Frau Norne?«

»Wenn man 3 Komma 1 Millionen Jahre lebt, Sigurd, dann ist das genauso viel wie 83 Jahre.«

»Weil das Gefühl für die Zeit sich ändert, Frau Norne?«

»Ja, Sigurd.«

PERRY RHODAN ist ODYSSEUS im Weltenraum, das große Troja wird belagert von ISIS, die keine Göttin mehr ist, von ISIS' Getreuen, die das stählerne Pferd aus DR. Hecklers & DR. Kochs Schmiede holen, VERNICHTUNG GOTTLOSER DICHTUNG.

In Wolfen, einer kleinen Stadt bei Bitterfeld, werden Wolfsmenschen gesehen, in den Nächten streunen sie durch den Verfall der alten Fabriken, von denen nur noch Schatten geblieben sind. In Wolfen sperrte ein Mann seine Frau in eine Kiste, die er seine Wohnung nannte, und schnitt ihr drei Tage lang ins Fleisch, urinierte auf sie und fickte sie drei Tage in ihre blutenden Wunden, bis sie aus dem Fenster springen konnte, die KRISTALL-GRENZE rückt vor bis nach Wolfen, wo Wolfsmenschen gesehen werden in den Nächten, in Wolfen wurden einst Farbfilme der Marke »Orwo« hergestellt, die Nächte sind immer schwarzweiß, in Bitterfeld spien die Schlote Flammen direkt neben den Gleisen und Bahnsteigen des kleinen Bitterfelder Bahnhofs, mein Onkel Fredi lebte dort in der Nähe, wir sahen den Bagger sich tief ins Erdreich fressen, in den Nächten war er ein beleuchteter stählerner Lindwurm, direkt neben den Gleisen. SIGURD HEISST DER FAHRER DES BAGGERS, SIGURD HEISST DER FAHRER DURCH DIE ZEIT, ich bin Sigurd, ich bin noch nie in Worms gewesen …, verwesen …, Lichtexplosionen.

Wir schmeckten Ruß und Staub in den Zugabteilen, die

Stadt L. stand nur noch auf einem Sockel, während die Gruben um sie wuchsen, Zwotausendfünfzehn wird Nietzsches Grab ausgehoben, der Bohrer bohrt, der Bagger wühlt / WIR GRABEN, WIR GRABEN, Nietzsche liegt in einem Riesenbett aus Kohle im Dorf Röcken, nahe der Stadt L., das Grab ist leer, »von allem Geschriebenen liebe ich nur das, was einer mit seinem Blute schreibt. Schreibe mit Blut: Und du wirst erfahren, dass Blut Geist ist.« ABSATZ »Es ist nicht leicht möglich, fremdes Blut zu verstehen: Ich hasse die lesenden Müßiggänger.« ABSATZ »Wer den Leser kennt, der tut nichts mehr für den Leser. Noch ein Jahrhundert Leser – und der Geist selber wird stinken.« ABSATZ

Nietzsche sitzt mit Sigurd an einer toten Esche in den Schatten der verschwundenen Fabriken, sie singen: SEHN WIR UNS NICHT IN DIESER WELT, SEHN WIR UNS IN BITTERFELD.

Es gab ein Mitropa-Restaurant im Städtchen Bitterfeld, durch die verrußten Scheiben sah man nur die Flammen, die aus den Schloten schlugen, es roch nach faulen Eiern, und die Luft war Staub, mein Onkel Fredi pflegte hier zu trinken, bevor er trocken wurde, Arbeiter, Eisenbahner, Reisende, der große Lieder-Dichter Paul Gerhard kam aus dem Städtchen Gräfenhainichen, das ganz in der Nähe des Städtchens Bitterfeld lag, auf einem Sockel stand, in der ungeheuren Grube der Bagger und des Dreißigjährigen Krieges … Sigurd sitzt mit Krabat, der ihn immer vor den Wölfen warnte, im Schatten einer großen Linde, am Stamm einer Esche, sie singen: *Nun ruhen alle Wälder, / Vieh, Menschen, Städt' und Felder, / es schläft die ganze Welt. / Ihr aber, meine Sinnen, / auf, auf, ihr sollt beginnen, / was eurem Schöpfer wohlgefällt.*

GERMANIA ist KÖNIGIN IM DRECK, GERMANIA ist ROSA in the water of BERLIN, ist TOD am Alexanderplatz, ist Sigurds STOSSTRUPP, ist Sigurds STOSSBURG, ist WENN DIE KEUSCHHEITSGÜRTEL KLAPPERN, ist KÖNIGIN IM DRECK, Odin aber war gegen die Homo-Ehe.

Der Tag ist nun vergangen, / die güldnen Sterne prangen / am blauen Himmelssaal. / Also werd' ich auch stehen, / wenn mich wird heißen gehen / mein Gott aus diesem Jammertal.

8

»Meine Damen und Herren, der Eine weiß das Eine und der Andere das Andere. Ich bin Ronald M. Schernikau, ich komme aus Westberlin, ich bin seit dem 1. September 1989 DDR-Bürger, ich habe drei Bücher veröffentlicht, und ich bin Kommunist.

Die Dummheit der Kommunisten halte ich für kein Argument gegen den Kommunismus. Honeckers Versuch, ein guter König zu sein, so klein, so mickrig er auch ausfiel, er war der Versuch zu Konsens. Das Faszinierende an dem Terror der Geistlosigkeit unter Honecker war für mich immer das deutliche Gefühl: Wenn die dürften, wie die wollten, wäre das die Versammlung der Klügsten. Nein, mehr: Es ist, durch den Terror hindurch, schon jetzt diese Versammlung.

Weshalb wollte die DDR nicht, dass man sie lobt? Das werde ich niemals verstehen. In den Westbüchern der Dissidenten las ich immer nur das ungeheure Liede, auf die

Zukunft. Ich verneige mich vor ihnen allen, und es gibt gegen ihre Erfahrung kein Aber.

Aber da war dieser Konsens. Ich vermute, sie alle haben diesen Konsens unterschätzt. Er war es, von dem sie lebten. Er hat ihre Reden so kunstvoll gemacht, ihre Kinderbücher so lustig, ihren Blankvers so spannend. Die BRD hat in ihren vierzig Jahren keinen einzigen Blankvers hervorgebracht, keinen einzigen. – Verteidigt werden müssen nicht mehr Sätze, verteidigt werden muss die Fähigkeit zu Blankvers. Es gibt keinen Blankvers ohne Konsens – Warum haben alle mitgemacht? Weil Sozialismus war.«

DUDEN: verzinken – versklaven – verstaatlichen – versinken – verseifen (Fette durch Kochen mit Alkalien in Glyzerin u. Seifen spalten) – versinken – verstählen – versimpeln – versengen – versinken – verstädtern – verschwören – verscharren – verirren – verkarsten (zum Steinfeld werden) – verhochdeutschen – versinken – verdursten – Verdun – verschwimmen – versinken – verklingen – verknorpeln – verknallen (FÜR VERLIEBEN) – verheeren – verprassen – versinken – vermenschlichen – versumpfen – verschiffen – verschalken (SEEMÄNNISCH LUKEN SCHLIEẞEN) – verschupfen (LANDWIRTSCHAFTLICH FORT-, VERSTOSSEN) – verschorfen – versinken – Versbau

»Die Theaterstücke der letzten Phase der DDR beruhten immer darauf, dass der Feind, von dem alle sprachen, ausblieb. Die Kinder kannten den Feind nur als Entschuldigung für das Versagen des Königs. Schließlich glaubten sie nicht mehr an ihn, und die Schauspieler-innen mussten am Schluss auf dem Tisch tanzen. Das war die Antwort: Wenn es keinen guten König gibt, dann wollen wir eben einen schlechten. Weil an allem immer nur der Feind schuld gewesen sein sollte, vergaßen sie, dass er an ihrer Grenze stand, und holten ihn schließlich ins Land. (...)

Der Westen hat, und das ist so ein alter Trick, die Moral eingeführt, um über Politik nicht reden zu müssen. Moral, weil sie unter allen möglichen Standpunkten ausgerechnet den herzzerreißenden wählt, macht sich selber handlungsunfähig. Einen Vorgang moralisieren heißt, ihm seinen Inhalt nehmen. Das ist mit Erich Honecker geschehen. Mühsam verkneifen sich die Westzeitungen ein Grinsen, wenn sie die piffigen Sofas von Wandlitz präsentieren.

Der Sieg hatte stattgefunden, als die DDR-Zeitungen das Ende der Privilegienherrschaft forderten. Was konnte schon an ihre Stelle treten? Brav forderten die Mitarbeiter der Verlage die Demokratie im Verlag plus Beteiligung von Westkonzernen. War die Staatsbürgerkunde wirklich so schlecht?

Der Sieg des Feindes versetzt mich nicht in Traurigkeit, eine Niederlage ist eine Niederlage, das sind Angelegenheiten bloß eines Jahrhunderts. Was mich verblüfft, ist die vollkommene Wehrlosigkeit, mit der dem Westen Einlass gewährt wird, das einverständige, ganz selbstverständliche Zurückweichen, die Selbstvernichtung der Kommunisten. Ich habe jeglichen Glauben verloren!, das heißt: Ich bin bereit, mich dem Westen vollkommen zu überlassen. Kaum ist Honecker gestürzt, da lösen die Universitäten den Marxismus auf, da wirbt die DEWAG für David Bowie (immerhin) ...«

Sigurd und Loki sitzen in der Volkskammer und lauschen dieser Rede. Die sie fragmentieren, weil sie so lange dauert. Sie verstehen nichts oder nicht alles.

Sie setzen die Rede wieder zusammen. Wort für Wort. Der schwule Genosse Schernikau, der wenig später an Aids starb, dünn und engelsgleich wie David Bowie, war sauer über die Fragmentierung. Und die Worte explodierten ja bereits in seinem Mund in seinem Hirn. Und ausnahmsweise sind Sigurd und Loki mit der Dokumentation von Tatsachen mal einverstanden.

Die Deutsche Werbe- und Anzeigengesellschaft (DEWAG) wurde nach Erteilung der SMAD-Lizenz am 1.10.1945 von der KPD in Dresden gegründet. 1949 wurde der Hauptsitz nach Berlin (wo inzwischen aus KPD und SPD die SED geworden und ansässig war) verlegt und eine Zentrale Leitung der DEWAG-Betriebe geschaffen. In der Folge entstand ein Netz von acht DEWAG-Betrieben: DEWAG WERBUNG Berlin mit Bezirksstellen in Frankfurt (Oder) und Potsdam; DEWAG WERBUNG Dresden mit einer Bezirksstelle in Cottbus; DEWAG WERBUNG Erfurt mit einer Bezirksstelle in Suhl; DEWAG WERBUNG Halle; DEWAG WERBUNG Karl-Marx-Stadt mit einer Bezirksstelle in Gera; DEWAG WERBUNG Leipzig, DEWAG WERBUNG Magdeburg; DEWAG WERBUNG Rostock mit Bezirksstellen in Neubrandenburg und Schwerin. Zu ihren Aufgaben gehörten Werbeberatung, Regie, Gestaltung und Herstellung von Werbemitteln sowohl für die Wirtschaftswerbung wie für die politische, ökonomische und kulturelle Agitation und Propaganda. Weitere drei DEWAG-Betriebe wurden für Projektierung und Werbebau in Berlin, Dresden und Leipzig geschaffen; sie waren auf Aufgaben des Messe- und Ausstellungsbaus, der Sichtagitation und des Modellbaus spezialisiert.

Die DEWAG war ein organisationseigener Betrieb der SED und verfügte Ende 1989 über ein Bilanzvermögen von 307 Mio. Mark (»Neues Deutschland« vom 14.6.1990). Sie unterstand unmittelbar der Abteilung Agitation des SED-Politbüros, die auch über Inhalt und Prioritäten bei der politischen Werbung befand.

Mit dem Ende der DDR 1990 wurde die DEWAG in eine DEWAG-Holding umgewandelt. Die in Berlin-Mitte gelegene DEWAG-Immobilie (9000qm Bürofläche und 5000qm angrenzendes Bauland) wurde von der Treuhandanstalt privatisiert.

Sigurd langweilt sich. Er ruft Thor an, damit der mit dem Hammer mal so richtig reinhämmert. Und aus den Scherben etwas zusammensetzt. WIR HAM'S BEGRIFFEN, VERDAMMT! Bei Thor ist besetzt.

»... da druckt die *FF dabei* Horoskope, und die Schriftsteller gründen Beratungsstellen für ihre Leser oder gleich eine SPD. Wo haben sie ihre Geschichtsbücher gelassen? Die Kommunisten verschenken ihre Verlage, die ungarische Regierung richtet in ihrem Land einen Radiosender der CIA ein, und der Schriftstellerverband der DDR protestiert gegen die Subventionen, die er vom Staat erhält. Sie sind allesamt verrückt geworden. (...)

Die DDR hat sich wehrlos gemacht, systematisch, mit offenen Augen. Endlich können wir auch die Erfahrungen der Linken im Westen verwerten!, das heißt: Wir werden sie bitter nötig haben. Wer die Gewerkschaft fordert, wird den Unternehmerverband kriegen. Wer den Videorekorder will, wird die Videofilme kriegen. Wer die Buntheit des Westens will, wird die Verzweiflung des Westens kriegen. Wer Bananen essen will, muss Neger verhungern lassen.

Wer die Spaltung Europas überwinden will, muss den Westen siegen lassen.«

Ab 1982 erschienen einige Karl-May-Romane erstmals auch in Germania-Dependance-Ost, billiges Papier mit winzigen gelblichen Holzpartikeln, aber einem wunderschönen kleinen Ölbild auf dem Titel, kein Fotorealismus und nicht auf Anhieb erkennbar, kleine Bilder auf schwarz-grünem Grund, »Winnetou« 3. Band, ein grauer Felsen mit einem Totenkopf als Gipfel, um den große schwarze Vögel vor einem bläulichen dunklen Himmel flattern, STIRBST DU, MEIN BRUDER, KOMM MIT, SIGURD, SIND WIR NICHT EINS?

»Der Westen hat gesiegt. Er hat gesiegt, weil seine Herrschaftsformen sozialdemokratisch geworden sind. Die spätkapitalistische Ökonomie braucht für ihre Existenz keine Rechtfertigung mehr. Ihre Mechanismen setzen sich durch, ob wir wollen oder nicht. Wie anachronistisch wirkt ein Zentralkomitee gegen die Weltbank, wie einzig sinnvoll aber auch. (...)

Am 9. November 1989 hat in Deutschland die Konterevolution gesiegt. Ich glaube nicht, dass man ohne diese Erkenntnis in der Zukunft wird Bücher schreiben können.

Vielen Dank.«

9

»Bleiben Sie ganz ruhig, Mister Sigurd, wir spritzen Ihnen da schnell was, da geht's Ihnen besser. Da sind Sie ganz schnell in Ihrem Paradies!«

»Walhalla, ihr Idioten, Walhalla! Nix Allah! Das ist eine Verwechslung!

Träumte er von den undurchdringlichen amerikanischen Urwäldern, wie er sie bei Cooper sah?

Chingachgook, alt geworden und der Letzte seines Stammes, sitzt zum Sterben gemeinsam mit Dr. Becher, Erik Neutsch und Dr. May in einem brennenden Wald. An einem anderen Baum, einer gewaltigen Esche, lehnt Sigurd, auch er will sterben, 3 Komma 1 Millionen Jahre sind ein Kreis. Unsterblich wie Orlando. Damit er nicht verbrennt, gemeinsam mit dem alten müden Chingachgook, errichten die Nornen einen steinernen Turm um ihn. Der Güntzturm ist ein Wohnzimmer, die Irren sind zu laut geworden, »Fuck you«, ruft Sigurd, »ich bin noch niemals ... gewesen!« Der Güntzturm ist ein steinerner Trichter, den ein Riese an seinen Mund hält und in die Weiten des Alls ruft.

Als Kind schaute ich heimlich im Fernsehen »Das unsichtbare Visier«, das wurde an den Vormittagen wiederholt. Ein Agent des MfS ermittelte im westlichen Ausland und kämpfte gegen die finsteren Kräfte des Imperialismus, er war ein Agent des Friedens. Nein, Agenten hatte nur der CIA. EIN KUNDSCHAFTER DES FRIEDENS. In spannenden sozialkritischen und engagierten Abenteuern wie »Das Wasserschloss«, »King Kong Grippe«, »Insel des Todes« oder auch im großartigen »Sieben Augen hat der Pfau«.

Kundschafter Werner Bredebusch, im Westen nur bekannt unter seinem Decknamen Achim Detjen! Winnie Winkelmann ist Bredebuschs Vertraute, Geliebte und die gute Seele des MfS. Winnie Winkelmann sorgt sich um den Kundschafter Bredebusch.

Er ist ihr liebster Kundschafter und Sozialist. Sie ängstigt sich, denn Bredebusch befindet sich unter den bösartigen Dämonen des Imperialismus. Er ist getarnt als einer der Ihren, damit das Strahlen der Neuen Welt, des neuen Menschen, ihn nicht enttarnt. »Entweder Schwein oder Mensch / Entweder überleben um jeden Preis / oder Kampf bis zum Tod / Entweder Problem oder Lösung / Dazwischen gibt's nichts.«

Doch! Winnie Winkelmanns Liebe. Werden sie zueinanderkommen zwischen den Grenzen des Kalten Krieges? Oder widmen sie ihre Leben und Lieben der guten Sache?

10

... will ich stecken mein Stück Stahl in diese Sonne ... Bahnhofstraßen quert Dr. Sigurd, schwarzes Fleisch quert Sigurd, zittert Dr. Sigurd?

MÜNCHMEYER ist ein berühmter Verleger, der einst den jungen May unter seine Fittiche nahm, als dieser aus der Feste Waldheim entlassen wurde, in der er nächtelang wach lag, den einen Satz im Kopf: »Swallow, mein wackerer

Mustang, spitzte die kleinen Ohren«, so schreibt es Erich Loest, der sieben lange Jahre auf der Feste Bautzen saß und den Traum vom Sozialismus nicht mehr träumen konnte zwischen den kalten Steinen, im versteinernden Herzen, OLD STONEHEART, OLD SHÄTTERHÄND, die Tragik der alten SACHSEN, immer auf der falschen Seite, wie der alte Loest schrieb, wie er in VÖLKERSCHLACHTDENKMAL schrieb, der großen steinernen Chronik der Stadt L., nein, keine Chronik nur, nicht Chroniken wollen wir verfassen, Mythen wollen wir in Stein hauen, die Trümmer wollen wir durchsuchen, wann wird das große Denkmal fallen? Es gab Pläne in Germania-Dependance-Ost, das große KYFFHÄUSER-DENKMAL zu sprengen, weil es vom alten und neuen Militarismus kündete, vom gleichen Architekt im Vorharz im Anhaltischen zwischen Wald und Berge gesetzt, der später auch das VÖLKERSCHLACHTDENKMAL aus sächsischem Granit erbauen ließ. Loests Fredi Linden, SPRENGMEISTER LINDEN, wollte das alte Denkmal in L. sprengen.

In beiden Denkmälern saß '45 die SS.

MÜNCHMEYER, der große Verleger des jungen Dr. May, ist um mehrere Ecken, aber nicht allzu weit entfernt, mit dem BARON MÜNCHHAUSEN verwandt.

Da sitzen sie nun, die Großmeister und Götter der Kolportage. Auch Dr. Mosebach, verwandt und verschwägert mit der großartigen Hedwig Courts-Mahler, die auch anwesend ist, gesellt sich zu ihnen. Da SALBADERN sie gemeinsam, dass es eine wahre Freude ist.

Dr. Becher will sie entschlacken, sie einer ENTSCHLACKUNGSKUR unterziehen, aber ihm fehlt die Kraft, die dünnen zerstochenen Arme ..., und ihnen selbst die Einsicht.

Und WIR REIHEN SIE EIN IN PERRY RHODAN UND JERRY COTTON UND IN DIE ÄKSCHN GMBH, ob sie wollen oder nicht. Finstere KRÄFTE stehen hinter ihnen. MOSEBACH und VON SCHIRACH, Gerichtsreporter und Kolportage-Schriftsteller, werden sofort wieder entlassen. KEIN PLATZ AUF DEM TOTENSCHIFF.

Mein Großvater väterlicherseits war bekannt als BUTTERMEYER, weil er die beste Butter herstellte in der MOLKEREI, in den Molkereien Mecklenburgs und Vorpommerns. EINEN dokumentarischen ROMAN SCHREIBEN ÜBER BUTTERMEYER, so wie B. Traven ... Wie lebte er, woher kam er, was war sein ALLTAG, was war sein GEHEIMNIS? GERMANIA ist MILCH.

William Burroughs und Sam Peckinpah. Jörg Fauser und Jürgen Ploog.

Alles hat seinen Körper, auch Zeit. Schwer zu sagen, wo die Zukunft lauert, wo wirklich etwas mitgenommen wird von dem, was heute ist, was wir tun oder sagen. Nicht wir bewegen uns, sondern etwas bewegt sich vor unseren Augen ...

Ich bin mir nie ganz sicher, wo ich bin, weil ich den Koordinaten, die mich auf einen bestimmten Standort festlegen, nicht traue.

Schlagen einer den anderen in Stücke. Einen Augenblick Stille. Auch der Schlachtenlärm hat aufgehört. Dann kriechen die Leichenteile aufeinander zu und formieren sich mit Lärm aus Metall, Schreien, Gesangsfetzen zu einem Monster aus Schrott und Menschenmaterial. Der Lärm geht weiter bis zum nächsten Bild.

Straßen des Zufalls. Sigurd ist niemals in Worms gewesen. Vielleicht hat er es auch nur vergessen.

Diario de a bordo del primer viaje de Äkschn GmbH
AUS DEM SCHIFFSTAGEBUCH DER ÄKSCHN GMBH

Mannheim, 17. bis 20. Juni 2015. Schillertage. Nationaltheater Mannheim.

Die ÄKSCHN GMBH plant »Wallstone IV« und führt »Wallstone IV« auf.

Aufführungen am 19. und 20. Juni in der alten Feuerwache, eine der Nebenbühnen des Nationaltheaters.

Aus Minute 25 des ersten Abends:

»Das Klima .... meine sehr verehrten Damen und Herren ..., macht mich krank. Das Klima hier belastet mich. Die Luft ist heiß, die Luft ist schwül ... Der Stuhlgang ist durcheinandergekommen in den letzten Tagen, die ich hier an den Ufern des Flusses verbrachte. Drei- bis viermal musste ich die Toilette aufsuchen am Tag, ich schwitze, Moskitos stechen mich ..., als wäre ich immer noch im Dschungel, immer noch im Dschungel, das Klima hier in dieser Stadt setzt mir zu ..., ich schwitze, ich schwitze. Die Moskitos umschwirren mich. Als wäre ich wieder in Vietnam. Wo die beiden Flüsse zusammenfließen, hier im Herzen der Finsternis. Die Malaria, Schiller, heißt es, sei an der Malaria gestorben ..., als wäre ich wieder im Dschungel, wir sind mit unserer Yacht, von Leipzig kommend, den Fluss hochgefahren bis M., das Klima, es macht mich krank, als wäre ich immer noch im Dschungel ...«

Am 17. Juni, abends, von den sogenannten Frankfurter Poetikvorlesungen kommend, lese ich auf dem Behindertenklo des Nationaltheaters Mannheim Reclams Theaterführer. Den »Wallenstein« habe ich zwar während des Schreibens von »Im Stein« gelesen, zum größten Teil zumindest, aber vieles ist untergegangen in den Trümmern der ENDPRODUKTION von »Im Stein« und später. (Manchmal taucht aus diesen Trümmern etwas auf, verwächst mit anderem, verfälscht sich und wird dadurch interessant, aber das führt hier zu Beginn des »Diario de a bordo del primer viaje de Äkschn GmbH« zu weit ...)

Mich interessierten die Fraktionen, die Intrigen der Fraktionen, der Mann Wallenstein mit all seiner Macht, der Feldherr Wallenstein mit all seiner Macht, von dem ich mir Erkenntnisse über meine Figur AK-47, Arnold Kraushaar, erhoffte. Kam ich zu Erkenntnissen? Wollte ich Wallstones Lager in einer gewaltigen Szene in die Stadt Eden City, vor die Tore der Stadt Eden City, versetzen? SEIN LAGER NUR ERKLÄRET SEIN VERBRECHEN. Am Ende tauchte nur einmal der Namen auf in einem Dialog:

»Wir haben nur Angebote gemacht. Haben die Dinge nur forciert. Die Truppen der Verbündeten standen eh schon bereit. Hannover, Berlin.«

»Immer frei nach Wallenstein, nicht wahr, General? Und alles wurde gut mit den neuen Wächtern der Nacht.«

WALLSTONE VERLOR SICH HINTER DEN SPIEGELN ...

Das Behindertenklo ist ein wunderbar stiller Ort. Ich bevorzuge die Nutzung von Behindertenklos, diese sind immer sauber und überschaubar frequentiert. Man muss nur aufpassen, dass man nicht den Notschalter drückt, statt die Spülung zu bedienen. Einmal bildete sich eine Schlange von Rollstuhlfahrern vor dem von mir besetzten Behindertenklo, ich humpelte schuldbewusst hinaus. Man weiß doch, dass Wallenstein am Ende stirbt, man weiß doch, dass Danton am Ende stirbt ..., was also nun, was also tun? DER MÖRDER IST IMMER DER BUTTLER, »Ihr habt den Pfeil geschärft«, sagt Buttler in »Wallstone«, lese ich in Reclams Schauspielführer an TAG 1 der ÄKSCHN GMBH in Mannheim, ich durchforste, immer noch auf dem Behindertenklo des Nationaltheaters Mannheim, die Namen der Personen in »Wallenstein«, Dschänneräll Macdonald, der Bürger-Brater; Dschäneräll Wrangler, der die Jeans nach Deutschland brachte; der BUTTLER, der immer DER MÖRDER ist; ein Kornett, bloß gut, dass ich mein Kornett, sprich meine B-Trompete, immer ON BOARD habe ..., was haben wir vor, denke ich und spüle zum wiederholten Mal, wann wird die ÄKSCHN GMBH beginnen, ihren WALLSTONE auf die Bühne zu stemmen, immer und wieder den Bühnenberg hinauf, war SISYPHOS – MEMBER OF THE ÄKSCHN GMBH – ein glücklicher Mensch, wie CAMUS ALBERT – MEMBER OF THE ÄKSCHN GMBH – behauptet, wann werden die restlichen Truppen der ÄKSCHN GMBH in Mannheim eintreffen, um mich bei meinem Vorhaben zu unterstützen, was ist mein Vorhaben, was ist WALLSTONE PART FOUR.

WALLSTONE ist Gräber-Unendlichkeit, Schiller ist WALLSTONE, ist Frau von Stein, ist Goethe, ist 1000 Jahre europäische Geschichte, ist notgeile WALKÜREN vor LÜTZEN, ist Offenbarung des Johannes, IS no BUDDHA, ist BUDDHA SPENCA, ist Mohammed vor den Toren Viennas – WALLSTONE ist SLY STALLONE in the role of WALLSTONE, is STEVEN SEAGAL in the role of WALLSTONE, is CHUCK NORRIS in the role of WALLSTONE, ist WINTERSCHLACHT vor den Toren Moskaus, ist WALLSTONE in GERMANIA 3/WALLSTONE – Tod in Berlin / the ÄKSCHN GMBH featuring WALLSTONE, the ÄKSCHN GMBH futuring Feature, ist Dschänerall QUESTENBURG, ist TOLL TRIEBEN ES DIE ALTEN RITTER, die alten Ritter sind tot, seit CERVANTES starb 1616, WALLSTONE ist Wallenstein vs. The Windmills of the KAISER, WALLSTONE is the power of BÄCK-ÄND-BAUER, ist Bäck-End-Street, ist DEAD-END-STREET, ist Bäck-Street-Boy, ist Bläck & Decker, Bläck & Decker, Koch & Heckler, Koch & Heckler, WALLSTONE ist Kochen mit Wallstone, ist Kochen mit WALL-BONE, Bohnen essen die Soldaten, Kidney-Bohnen, Blaue Bohnen …

Wallstone ist WAR, WALLSTONE war WAHR, WALLSTONE'S WAR WAR WAHR, Wallstone ist WALL STREET, WALL STREET ist Gräberunendlichkeit, WALLSTONE war Lord of Germania, welches AUTO fuhr WALLSTONE? Welche Fluchtroute plante WALLSTONE? WER WAR WALLSTONE? Wusste WALLSTONE von seinem Untergang? WALLSTONE ist Danton, ist DANNY DÄNTON, der auf seinen Untergang wartet, hatte WALLSTONE Aktien, hatte WALLSTONE Angst, hatte WALLSTONE AKTEN-EINSICHT, hatte WALLSTONE AKTIEN-EINSICHT, liebte WALLSTONE Kreuzworträtsel?

Wer war WALLSTONE?

Diesen WALLSTONE-CUT-UP schrieb ich am Freitag, dem 19.6., gegen 18 Uhr, auf der inzwischen eingerichteten Bühne in der alten Feuerwache, eine der Nebenbühnen des Nationaltheaters Mannheim, schrieb ihn zwei Stunden vorm Beginn des ersten Abends von »Wallstone IV« auf meinem Bühnenschreibtisch, von dem aus ich den WALLSTONE IV irgendwie leiten, bestreiten, korrigieren würde. NO, DOKTOR ÄKSCHN! NICHT ICH ALLEIN, SONDERN DIE ÄKSCHN GMBH, denn nun waren wir komplett IN EDEN CITY MANNHEIM, mein Dramaturg und Mitstreiter Johannes Kirsten, der großartige Schauspieler Manuel Harder vom Schauspiel Stuttgart (am zweiten Abend ersetzt durch den ebenfalls genialen Schauspieler Ingolf Müller-Beck vom NATIONALTHEATER WEIMAR), der DJ und ONCE AGAIN IN THE ROLE of Jesus: Enrico Meyer, der ÄKSCHN-PAINTER Liam Scully aus London und unser Talkgast, Ökonom und Marxist, Professor Thomas Kuczynski und DES WEITEREN Jugendoffizier Leutnant Florian Kling (am zweiten Abend ersetzt durch Oberst Matthias Rogg, Leiter des Militärhistorischen Museums der Bundeswehr Dresden). DIE GLORREICHEN SIEBEN. DIE GLORREICHEN SIEBEN SIND DIE ÄKSCHN GMBH, die sieben Samurai sind die ÄKSCHN GMBH. Wer waren die Original-Glorreichen-Sieben, wenn man jetzt mal die SAMURAI DES GROSSEN KUROSAWA AUSSER ACHT LÄSST? AUSSER SIEBEN LÄSST ...

AUS DEM KOPF LASSEN WIR SIE AUFERSTEHEN, DENN DIE ÄKSCHN GMBH HASST DIE ÜBERPRÜFUNGSMECHANISMEN DES NETZES:

1. Clemens Meyer in the role of Yul Brynner, SHARPSHOOTER und Söldner. Yul very cool. Cooler than myself. But me

more hair. Obwohl ich immer lieber Steve McQueen gewesen wäre. Number 2.

2. Johannes Kirsten in the role of Steve McQueen. McQueen, der Haudegen, der die Schrotflinte benutzt, die beiden treffen gleich zu Anfang aufeinander. Wichtiger, aber stiller Charakter.

3. James Coburn als der MESSERWERFER, der lieber Messer als Knarren einsetzt, James Coburn als Enrico Meyer ..., dieser Charakter überlebt den Film nicht. Aber, kein Problem, Enrico Meyer ist ja JESUS.

4. Charles Bronson ist Liam Scully. Liam Scully, der berühmte ÄKSCHN-PAINTER aus London, liebt ÄKSCHN-MOVIES. In unzähligen Projekten hat er LEIF ON STÄGE für uns das Bühnenbild auf eine 4 mal 3 Meter große Leinwand GEHÄMMERT und KREIERT. Unter anderem RAMBO 1 und Leones ONCE UPON A TIME THE REVOLUTION. WELL DONE DR. BRONSON, WELL DONE!

5. Thomas Kuczynski ist der junge mexikanische Idealist, gespielt von Horst Buchholz. Die einzige kommunistisch zu lesende Rolle im Film, der Junge aus den mexikanischen Ghettos bekämpft die faschistischen Banditen, YES, SIR! Kuczynski, eine Art Meister Joda der marxistischen Ökonomie, ein wahrer Weiser, ist natürlich viel älter als der junge Mexikaner Horst, aber er hat die Kraft von Marx und Engels = DOPPELHERZ! Horst spielt auch in den FORTSETZUNGEN der glorreichen Sieben mit, er ist wahrscheinlich UNSTERBLICH wie JESUS und FIDEL CASTRO, die ÄKSCHN GMBH ist überzeugt davon, dass FIDEL nie sterben wird.

6. Die beiden Schauspieler als Robert Vaughn. Der fast vergessene Robert Vaughn, bekannt geworden durch die

AGENTENFILMSERIE »SOLO. FÜR O.N.C.E.L.«, in der er als Napoleon Solo mehrfach die WELT RETTET. Der tragischste Charakter der GLORREICHEN SIEBEN, er kann nach Jahren des beruflichen Tötens seine Angst nicht mehr kontrollieren und stirbt, als es ihm wieder gelingt. GOODBYE, ROBERT VAUGHN.
7. Die beiden Offiziere als Brad Dexter, der an den GOLDSCHATZ glaubt, den die mexikanischen Bauern verstecken, er ist abgehalftert und will nur noch einmal groß abräumen und haut ab, als er merkt, dass es doch nichts zu holen gibt. Undankbare Rolle für die beiden Offiziere. Aber er stirbt immerhin den HELDENTOD, als er hoch zu ROSS zurückkommt und das Blatt für die restlichen der SIEBEN wendet.

Notizen aus dem Programmheft: »Wallstone IV« pflügt durch Schillers »Wallenstein«-Trilogie wie ein T-72 durch einen Golfplatz. Nichts ist zu platt, Kalauer sind ein Muss, und doch wird es immer wieder Momente der tieferen Einsicht geben, wenn Clemens Meyer seine Gesprächsgäste zum »Wallenstein«, zum Krieg, zum Phänomen der Nation und den alles bedingenden ökonomischen Zusammenhängen befragen wird. Meyer überschreibt Schillers Text und erstellt ein Cut-up der Trilogie. Der Maler Liam Scully produziert ein Live-Actionpainting von *WallenSteiner – Das Eiserne Kreuz*. Live und improvisiert. Zwei Abende. Zwei unterschiedliche Versionen. »Wallstone IV« ist ein Hybrid aus Talk, Performance und Theater. Schillers »Wallenstein«-Trilogie ist Ausgangspunkt und Abstoßung zugleich. Über allem steht die Frage nach der Herausbildung einer Nation mit den Mitteln des Krieges.

Und auf dem Behindertenklo des Nationaltheaters Mannheim formt sich die Vision.

Formt sich die Dekonstruktion.

FRAGE: Was bringt es, sich heute noch mit Schiller auseinanderzusetzen?

ANTWORT: Aus-ein-ander-setzen ist das richtige Wort. Ein Stoff wie »Wallenstein«, in dem es um Religionskriege geht, ist aktueller denn je. Aber was steckt eigentlich hinter diesen Bewegungen? Im Dreißigjährigen Krieg ging es um Religion, aber letztendlich auch um ... Territorien ..., Macht ..., Einfluss. Ist das heute vielleicht ähnlich? Was sind die Religionskriege im Nahen Osten?

FRAGE: Was wünschen Sie sich selbst von den Abenden?

ANTWORT: Dass wir am Ende sagen: Irgendwie hat es funktioniert, aber es war auch eine Menge Blödsinn dabei.

Und auf dem Behindertenklo des Nationaltheaters Mannheim reise ich in die Vergangenheit, ein Klo als Zeitmaschine, das hat es, obwohl es doch so plausibel ist, noch nicht gegeben in Funk, Fernsehen und Literatur, soweit ich das beurteilen kann und, verborgen vor den AUGEN DER GMBH, auch kugele, DIE GMBH SIEHT ALLES! Der berühmte Zeitreisende Dr. Who reiste in einer britischen Telefonzelle durch die Ströme der Zeit, Bud Spencer und Terence Hill reisten als ZWEI BÄRENSTARKE TYPEN mit einer als Klo-Kabine getarnten Rakete von einer Imbissbude bis an Bord eines Schiffes, das im Begriff stand, die WELT ZU VERNICHTEN ..., DOC EMMETT BROWN, bekannt aus Filmen wie ZURÜCK IN DIE ZUKUNFT, »Zurück in die Zukunft II« ODER »Zurück in die Zukunft III«, also eine TRILOGIE wie

»Wallenstein«, Doc Emmett Brown also, bekannt für seinen Ausruf GROSSER GOTT!, erfand den Fluxkompensator, mit dessen Hilfe Zeitreisen möglich sind, als er mit dem Kopf auf den Rand der Kloschüssel aufschlug ..., immerhin.

Was machen wir in Mannheim, DIE SZENE HIER IST TROJA, ruft unser Schauspieler Manuel Harder zu Beginn von WALLSTONE IV, als er in seiner Rüstung versucht, die Bühne zu erklimmen, auf der Liam Scully bereits sein ÄKSCHN-PAINTING THE CROSS OF IRON begonnen hat, FILMSCHNIPSEL immer mal wieder on the screen, Feldwebel Steiner als James Coburn.

DIE RUDERSCHIFFE BELADEN MIT DEN DIENERN UND DEM RÜSTZEUG DES GROSSEN KRIEGES ..., ERWARTUNG NUN ..., SEI'S GUT, SEI'S SCHLECHT, AM KRIEGSGLÜCK HÄNGT DER SIEG, und dann, Minuten später: DAS HAT JA TOTAL FALSCH ANGEFANGEN HIER ..., JETZT STEH ICH JA MITTEN IM WALD HIER.

Und wo haben wir angefangen? Wo begann das »Diario de a bordo del primer viaje de Äkschn GmbH«? Mit wie vielen heiligen und morschen Schiffen segelten wir columbusgleich INS BLAUE? Wussten wir, dass wir auf jenem Totenschiff dem UNTERGANG geweiht waren, dass wir auf den morschen Planken der SPEKULANTEN segelten? Wo suchten und fanden wir Colonel Kurtz, wo erkannten wir den Fluss ohne Ufer?

Anfang 2012, Centraltheater Leipzig, DIE SENDUNG MIT DER MAUS oder IN THE HEART OF DARKNESS heißt unser erstes Projekt, das nun, Juni 2015, in WALLSTONE IV mündet. Johannes Kirsten, Dramaturg am legendären, aber untergegangenen Centraltheater Leipzig (Centraltheater Leipzig 2008 bis 2013, ewiges Centraltheater) und Mitglied der ÄKSCHN GMBH und der GLORREICHEN SIEBEN, die ebenfalls Mitglied der ÄKSCHN GMBH sind, Johannes Kirsten und ich hatten eine Idee: Eine Mischung aus TALK und THEATER schwebte uns vor, abseitige Themen, aber LEIDENSCHAFTEN, absurder Talk, aber mit allem nötigen ERNST, mit einem Hirnforscher und einem Pornodarsteller über die LIEBE reden, oder mit einem Philatelisten stundenlang die LEIDENSCHAFT BRIEFMARKE ausloten, während ein Männerchor singt …, aber wie beginnen? WAS KÖNNTE DER ANFANG SEIN?

Ich kam im Dezember 2011 aus Amerika zurück, wo ich 3 Monate in York in einem Apartment saß und mit Hilfe eines Stipendiums größere Teile von »Im Stein« schrieb.

Eine dunkle Stadt im Herbst 2011, in der ich Uwe Johnson, den stillen Käpt'n der ÄKSCHN GMBH, in seinem Haus am Riverside Park besuchte, ihn um Beistand anflehte.

Ich bin seitdem nicht mehr bei ihm gewesen, ich fliege nicht gern, und die ÄKSCHN GMBH lacht mich deswegen aus.

Nach einer Weile bemerkte ich, Dezember zwo-elf, Januar zwo-zwölf, dass ich nicht allein war in meiner Wohnung. Zuerst sah ich die Maus im Bad. Worauf ich ZUR FREUDE DER ÄKSCHN GMBH schreiend wie ein Weib auf die Kloschüssel sprang, die Maus verschwand im Flur. Das nächste Mal war sie in meinem Bett. Ich hatte sie einige Wochen nicht gesehen, hatte nur ihre KÖTTEL gefunden. SIE HATTE SICH IN MEINER MATRATZE EINGENISTET. Erst dachte ich, SELTSAMER FALTENWURF MEINER HOSE, da war sie schon in meinem Hosenbein, kreischend schlug ich um mich, und sie entwich. Ich begann Fallen aufzustellen, zuerst Lebendfallen, denn ich WOLLTE IHREN TOD NICHT. Ich machte mich kundig. Bestückte mit Nutella und Erdnussbutter und geräuchertem Speck. Aber sie ging nicht in die FALLEN. Manchmal fraß sie den Speck raus. Ich begann, RATTENFALLEN AUFZUSTELLEN, die sie halbiert hätten, ich erkannte, dass manche Fallen überhaupt nicht funktionieren konnten, dass die Mechanismen dafür sorgten, dass die Maus gar nicht reinkommen *konnte*, dass die BAUMEISTER DER FALLEN INNEN UND AUSSEN vertauscht hatten, ich begann, selbst FALLEN zu bauen, die aber noch nutzloser waren, und hörte die MAUS nachts unter meinen Bücherregalen und Schränken nagen. Fand ihre Köttel und fand *sie* nie.

AUF DIE BÜHNE MIT DER KREATUR! Nachstellen all meine Mühen! Überhöhen meinen Kampf mit der Finsternis! DIE SENDUNG MIT DER MAUS oder IN THE HEART OF DARKNESS.

Ich komponierte ein Intro, das ein Schauspieler zu Beginn ins Publikum donnerte:

»Maus, die Maus.
– Ein Nagetier aus der Überfamilie der Mäuseartigen, meistens aus der Familie der Langschwanzmäuse (Muridae), speziell die Hausmaus aus der Gattung der Mäuse (Mus)
– Kurzform für die ›Die Sendung mit der Maus‹, eine Kindersendung der ARD
– Maus (Computer), Eingabegerät für Computer
– Die Maus – Gesellschaft für Familienforschung e.V.
– Maus, ein Kartenspiel, siehe Mauscheln

– GPS-Maus, Empfangsgerät für Positionsdaten des Global Positioning System (GPS)
– MausNet, ein deutsches Mailboxnetz, beruhend auf dem MAUS-Mailprogramm
– ›Maus – Die Geschichte eines Überlebenden‹, Comic von Art Spiegelman
– Maus oder Lademaus, Bezeichnung für einen Rübenreinigungslader
– Burg Maus, eine Burg am Mittelrhein
– Panzerkampfwagen VIII Maus, ein Kampfpanzer-Prototyp der deutschen Wehrmacht.«

KURZE UNTERBRECHUNG DURCH MUSIK UND NEBEL, der Johann-Strauß-Chor sang in seinen historischen Kostümen. Dann weiter in meinem Text.

»Ich war *Danger Mouse*. Ich stand an der Schwelle meines Loches und redete mit der Welt. *Fiepen: Angst, Schmerzlaut oder Ärger.* Vor mir die Ruinen von Europa. Das Rattern der Mausmaschine, die gefährlichste Maus zwischen den Zeiten und Ruinen, Europa und das, was sie Welt nannten. DAS Knallen der Fallen, Eis zwischen den Steinen, Rost, kein Speck mehr im Schnee, gefrorenes Blut zwischen den kleinen Krallen, Todeskampf der Rassen, Farbmaus, Mittagsmaus, Rennmaus, Hausmaus, Graumaus, Grabmaus, *das Nachtlied, das Grablied, das Tanzlied*, glasklar und rein wie eine Klippe aus Kristall, Fiepen, Trommeln, die Pfötchen in der Luft, wenn die Fänger ausschwärmen, das Geheimnis der Herkunft, das Geheimnis des Fortbestands, *wir gehen, wohin wir gehen*, kopflose Kadaver, Würmer-fressendes Kriechen durchs Labyrinth, von Würmern gefressenes Kriechen durchs Labyrinth, eine Maus geht um in Europa, Madenfleisch fressen, in den Ruinen, Vivisektionen, offene Gehirne, Fell aus Asbest, das Grauen, das Grauen!, *Lübke, Schnauze!*, in the Heart of Darkness.«

Ich schrieb, weiterhin geplagt von meiner MITBEWOHNERIN, kurze Clips, in denen die drei MEMBERS of the NSU als Mäuse auftraten, also nicht persönlich NATURALMENTE, drei Schauspielstudenten mit Mäuseohren spielten sie. Ich war damit wesentlich schneller als Elfriede Jelinek. Allerdings verrät mir mein Blick in die Texte, dass es schon ganz gut war, dass es von keinem weiter wahrgenommen wurde, was ich da zusammenschrieb:

»Beate: Klar doch, klar doch, klar doch. *Klar.* Ich sehe. Wir greifen doch danach. Wir sind die Prediger des Todes. Aber ich träume. Der Mensch ist ein Seil, geknüpft zwischen Tier und Übermensch. Die Maus ist ein Seil, über einem Abgrund. Und immer diese hohe Stimme: *Was ist dir?*«

Ich glaube, mich zu erinnern, denn es gibt keine Aufzeichnungen unseres ersten Abends, dass Johannes Kirsten meinen Mauswahn gnadenlos entschlackte.

Aber dieses war drin im Stück DIE SENDUNG MIT DER MAUS:

»Das ist der Uwe. Der Uwe ist Nazi und wohnt in Deutschland. Klingt komisch, ist aber so.

Und weil der Uwe, als er noch ganz klein war, sich oft

ganz doll einsam gefühlt hat und in der DDR gelebt hat, wo es nicht schön war, hat er jetzt einen richtig guten Freund. Der heißt auch Uwe und ist auch Nazi und kommt auch aus der DDR, und zusammen wohnen sie in einer Wohngemeinschaft in einem schönen alten Haus, das ist in Zwickau, das ist eine ganz, ganz kleine Stadt weit im Osten, und dort treffen sich die Leute am liebsten auf dem Bahnhof oder vor dem Bahnhof und trinken zusammen Bier. Überall im Osten, nicht nur in Zwickau. Klingt komisch, ist aber so.

Und weil der Uwe und der Uwe sich ganz doll liebhaben, und damit das nicht so auffällt, und weil zum ganz ganz doll Liebhaben auch immer eine Frau gehört, haben sie noch eine ganz, ganz gute Freundin, nämlich die Beate. Da ham wir also den Uwe und den Uwe und die Beate.

Die Beate ist nicht arbeitslos, wie die ganzen anderen Leute in Zwickau und im Osten, denn die Beate arbeitet jetzt beim BND, nur halbtags, aber immer viel zu tun. Klingt komisch, ist aber so.

Und wenn der Uwe und der Uwe und die Beate sich nicht gerade ganz, ganz dolle liebhaben, spielen sie Progromoly, haben sie sich selbst ausgedacht, ist aber so ähnlich wie Monopoly, das kennt ihr bestimmt, oder sie machen ihre Wohnung schön gemütlich, oder sie hören Störkraft, das ist eine Pop-Band, die machen deutsche Volkslieder, und das sind Lieder, die für das Volk sind, ganz so ähnlich wie unseres von der Maus (...), oder sie gucken Cindy aus Marzahn, von der ham sie sogar eine Autogrammkarte, die kommt nämlich auch aus der DDR, ist aber kein Nazi. Klingt komisch, ist aber so.

Am liebsten liest die Beate das Buch ›Tausend – die besten Backrezepte‹, und dann backen und kochen sie gemeinsam ganze Nächte durch. Da wird der Teig geknetet und der Ofen angeheizt. Der Uwe, der Uwe, und die Beate. Und dann stellen sie sich im Kreis auf, und dann pressen sich die drei Nazis ganz dolle aneinander, hier und hier und hier auch, und da muss auch noch das kleine tschechische Dings mit dem Schalldämpfer dran, damit das alles richtig funktioniert. Ist komisch, klingt aber so.«

Bei der zweiten Ausgabe der »Stallgespräche«, denn so hieß unser Format, brieten wir Pferdewürste auf der Bühne, ALLES GLÜCK DER ERDE LIEGT IM FLEISCH DER PFERDE, wetteten LEIF im Internet auf amerikanische und englische Rennen, die quasi rund um die Uhr stattfinden, DIE ÄKSCHN GMBH HASST DAS WORT QUASI, LIEBT ABER QUASIMODO, hatten einen Trainer von Galoppern zu Gast, einen Rennkommentator, hörten Countrysongs der Musiklegende »Mary aus Borna« …, ab der dritten Ausgabe der Stallgespräche war auch DJ Enrico Meyer ON BOARD, LIAM SCULLY gestaltete erstmals ein Bühnenbild, 4 mal 3 Meter …, aber wir wollten weiter, immer weiter, längst schon hatte ich die VISION von Büchners »Danton« als TALKSHOW, als STALLGESPRÄCHE extra large, BÜCHNER als CUT-UP-VERSION, BÜCHNER VS. BURROUGHS, Büchner und Burroughs, WO IST DIE REVOLUTION? Und warum wandern uns die Zuschauer ab? OBWOHL DAS NATÜRLICH NICHT AN unserer QUALITÄT liegt und sie auch nicht wirklich abwanderten, die FÄNS, wenn auch überschaubar, WAREN und SIND eine MACHT!

Unser ZIEL war manchmal, WEITER, IMMER WEITER, bis die Bude leer ist, aber … WENN'S ALLES SO EINFACH WÄRE … Die ÄKSCHN GMBH ist durchaus EITEL und stellt Spiegel auf im SAAL und entwirft gewaltige SPIEGELSYSTEME im SAAL, um sich selbst zu verlieren im UNGEHEUREN RAUM (E.E. Cummings), um sich selbst zu blenden, QUOTEN interessierten uns nicht wirklich … WENN'S DENN ALLES SO EINFACH WÄRE. Wir hatten einen PROFISPIELER zu Gast, einen sogenannten KESSELGUCKER, eine weltweite Legende, der einst in der Stadt L. beim illegalen Hinterzimmer-Roulette begann und in den Westen ging, um dort REICH zu werden, der mehr als ein Jahr in einem Casino bei Hamburg verbrachte, nur als BEOBACHTER, die physischen Vorgänge im Roulettekessel beobachtete, bis er Gesetzmäßigkeiten erkannte, »Der Mensch ist nur da ganz Mensch, wo er spielt«, womit wir wieder bei SCHILLER wären … Der KESSELGUCKER besaß eine Art autistische Gabe, die ihn kurz vor dem großen »Rien ne va plus – nichts geht mehr« des Croupiers in den wenigen Sekunden, in denen die Kugel rotierte, erkennen ließ, in welchem Sektor des Kessels diese landen würde, nur ca. 10 Menschen weltweit besitzen diese Gabe. Erklärte er uns. Wir hatten einen Bestatter zu Gast, der uns in BEST OF STERBEN die Mechanismen und Prozeduren nach dem Tode erklärte. Ich selbst kleidete mich als Pfarrer, denn ich verteidigte die Transzendenz und den Glauben an IRGENDETWAS in den Weiten des Alls …

WIE UND WOZU ABER DEN DANTON DEKONSTRUIEREN? Diese Sprachmacht Büchners? FRAGMENTIEREN und dennoch LEUCHTEN lassen. »Danton oder Tod im Dschungelcamp«. München, Kammerspiele, November 2014. Anderthalb Jahre nach dem Untergang des Centraltheaters Leipzig unter der Intendanz Sebastian Hartmanns, First Grade Member of the ÄKSCHN GMBH, warum ist es UNTERGEGANGEN, und es ist nicht untergegangen, es ist gegangen, weitergegangen, EIN JEGLICHES hat seine Zeit, waren sie zu radikal, waren sie zu suchend und zu konfrontierend, SEHGEWOHNHEITEN AUFBRECHEND und permanent hinterfragend, wollten die BÜRGER VON L. KEINEN WÜRGER VON L., wollten sie lieber Ruhe als FÜNFZEHN MANN AUF DES TOTEN MANN TRUHE, johoho und 'ne Buddel voll Rum, ist L. eben doch KEIN Paris, und ist Schiller nicht lange geblieben, und haben sie nicht schon Bach vertrieben? Johoho und 'ne Buddel voll Rum ... UND WAS WOLLEN WIR? Außer unserm FEIERABENDBIER?

GARTENZWERGE MARSCHIEREN IN DRESDEN, Danton wartet auf seinen Untergang, unsere Vorhersehung ist das Unvorhersehbare, LIVE und IMPROVISIERT, so war auch unser Untertitel in München, in Mannheim.

»Die Leute, die dem Theater seinen Schweißgeruch nehmen wollen und es mit Lachpulver parfümieren, um es spaßig und konsumierbar zu machen, die werden immer mehr (...) Aber ohne die Fähigkeit, der Gesellschaft immer wieder Wut- oder Schmerzensschreie zu entlocken, kann Theater (...) einpacken. (...) Ziel von Theaterarbeit kann es nur sein, der Mühseligkeit des Denkens Attraktivität zu erspielen. Dafür muss Theater unterhaltsam sein. Dafür sind manchmal auch große Gefühle nötig, genauso wie scheinbar kleinkarierter, aber aushöhlender Witz. Und dafür muss manchmal auch der vorgegebene Rahmen durchbrochen werden. (...) Und mit Skandal meine ich nicht irgendeine vordergründige Provokation, mit der nur mediales Aufsehen erregt werden will. Ich meine die Unruhe, die von einem geschärften Gedanken ausgelöst werden kann, wenn er eindringt in einen gefälschten gesellschaftlichen Konsens, um diesen zu entlarven.«

Das sind Bruchstücke einer Rede Josef Bierbichlers von 1997, als er den größten Teil einer Preissumme, nämlich der des Gertrud-Eysoldt-Ringes, den er zugesprochen bekam, an Christoph Schlingensief übergab.

UND WAS WOLLTEN WIR IN MÜNCHEN MIT UNSEREM DANTON, UND WAS WOLLEN WIR IN MANNHEIM MIT UNSEREM WALLSTONE? Und ist das denn so wichtig, ermüden uns nicht die permanenten Erklärungszwänge? Oder versuchen wir selbst, die Welt, wie sie uns gefällt, zu erklären. Die Qualität des Formats ist auch seine Schwäche ... Wir wissen nicht, wo es hingeht, das Risiko des Scheiterns, des Untergangs ist auch der Glanz und die Äkschn des Untergangs und des Scheiterns ... Wir steigen wie bei Beckett auf gewaltige Leitern und scheitern und scheitern ... DEKONSTRUIERST DU NOCH, ODER ERKLÄRST DU SCHON?

Wir holten uns Jürgen Ploog ON BOARD des Danton-Sputniks, den großen CUT-UP-DICHTER, FIRST GRADE MEMBER UND FIRST MEMBER OF THE ÄKSCHN GMBH. Lufthansa-Pilot, Übersee-Flieger, Reisender auf den STRASSEN DES ZUFALLS, Reisegefährte William S. Burroughs' und Jörg Fausers, AUTOBAHNEN aus NEON-LICHT, die tote Zone, Straßen des Zufalls ... »Sie waren und sind mit dem Cut-up Prinzip ja ein Revolutionär der Sprache ... Ich würde Sie sehr gerne für unseren ›Danton oder Tod im Dschungelcamp‹ gewinnen … als Gesprächsgast, als Live-Cut-upper, ich sehe den alten Danton durch Ihre Texte wandeln …«

Apokalyptische Shortcuts

Für Clemens Meyer

Auf den Strassen spielten sich unvorstellbare Verbrechen ab. Vergewaltigungen, Verbrennungen, Säureattacken. Sie wurden von Passanten mit einem Schulterzucken & den üblichen Phrasen abgetan. Wie sonst konnten die Unterprivilegierten & die Ausgegrenzten ihren Frust loswerden? Sie forderten ein Recht auf Gleichbehandlung, Wohlstand, Zukunft & ein menschenwürdiges Dasein, rotteten sich zu Gruppen zusammen & machten sich gezielt daran, die Infrastruktur zu demolieren … zerstörten Wasserleitungen, setzten Kabelstränge in Brand, stürzten Oberleitungsmasten um … legten in öffentlichen Toiletten Bombenattrappen ab.

Scheinwerfer strichen über ausgestorbene Vororte, ganze Viertel wurden mit Infrarotkameras überwacht & Industriegebiete & Einkaufszentren mit Stolperdrähten umgeben. Beim Sex kam es zum Austausch von Mikrochips, die sich an den Genitalien festsetzten, so dass sich subversive Aktivitäten bis in den Intimbereich verfolgen liessen.

Elektrosmog erstickte die Ökosphäre. Danton vermied öffentliche Auftritte, um nicht zum Ziel von Scharfschützen zu werden. Er beschränkte seine Aktivitäten aufs Theater, wo er jeden Abend von neuem starb. Er gewöhnte sich an den Tod auf offener Bühne & verschwand anschliessend im Gedränge von Pferden, Kamelen, Elefanten & Traktoren bei einer von Ökos veranstalteten Demo.

Einmal, in einer Januarnacht, gelang es ihm nur mit Müh & Not & auf Skiern, einer Horde Fliegender Händler zu entkommen, die sich als Terroristen getarnt hatten. Touristen in Halloweenkostümen stürmten imaginäre Grenzen. Sie hatten sich in Vampire verwandelt, nahmen sich übergewichtige Bürger vor & saugten sie bis aufs Blut aus.

Europa war zum dunklen Kontinent geworden & auf der schwarzen Liste gelandet. Intellektuelle versuchten, systemischen Computerverbrechen auf die Spur zu kommen. Allerdings waren sie den Datenkaskaden nicht gewachsen & wurden einer nach dem anderen vom weltweiten Netz geschluckt, in dem sie wie Insektenandroiden zappelten.

Konvertiten & Fundamentalisten stürmten die Kaaba als wär's das Goldene Kalb. Ein gewaltiger Hintern pflanzte sich auf den Horizont & zerquetschte ihn mit einem deftigen Furz. Die Luft zitterte vom Sound einer apokalyptischen Metal-Rock-Band. In Justizpalästen & Redaktionen wurde mit Köpfen statt mit Ideen gehandelt. Sie waren austauschbar geworden, & Medienvertreter & Meinungsmakler schacherten in Hinterstuben der vierten Gewalt um sie, als ginge es um Kegelfiguren. »Wohin mit dem?«

»Ab ins Archiv mit ihm.«

Das moralische System war dabei, an Arteriosklerose zugrunde zu gehen. Aderlässe & Blutvergiessen hatten sich als sinnlos & die Behandlung als Krankheit erwiesen. Der Weltgeist verreckte unter grässlichen Grimassen, denen auch eine Letzte Ölung keine menschlichen Züge mehr geben konnte. Friedhofsstille lähmte das einst geschäftige Leben der Städte, & von technischen Errungenschaften waren nur zwecklose Attrappen geblieben.

Auf der Suche nach Leben verloren die meisten Migranten die Orientierung & landeten auf dem Campingplatz der Geschichte.

Ich konnte es kaum fassen, der Meister hatte mir einen Text gewidmet, ich würde mit ihm auf der Bühne sprechen, gemeinsam lesen, ich hatte einen Antworttext verfasst, die Revolutionen der Sprache, das Zerschneiden von Text und Zeit und Raum, wir würden gemeinsam mit Thomas Kuczynski die Utopien suchen, Danton suchen, uns selbst dabei verlieren …

Umgeben von Schauspielstudenten der Falckenbergschule München, kostümiert als Cowboys und Indianer, Liam Scullys ÄKSCHN-PAINTING »ONCE UPON A TIME A REVOLUTION« entsteht im Cut-up der Farben, die Schauspielstudenten sind die DANTON-MASCHINE, die Textzeilen, Fragmente ausspuckt, DIE SAINT-JUST-REDE IM CHORUS RAUSDONNERT.

Wie den gewaltigen Text komprimieren …, wie ihn … LISTEN, die ÄKSCHN GMBH liebt Listen, sie fertigt permanent LISTEN, bzw. lässt Listen fertigen in BILLIGFABRIKEN in ASIEN in der Gräberunendlichkeit … TOP-TEN DER ÄKSCHN-MOVIES, TOP-TEN DER TITEL, TOP-TEN DER TOP-

TEN … TOP-TEN DER TOTEN, TOP-TEN DER COLA-MARKEN (PEPSI IST NUMBER EINS), eine Liste aller Namen, Personennamen, die im Stück vorkommen, die dann ein oder zwei Schauspieler lesen, ein oder zwei andere Schauspieler variieren einige der Namen mit Kalauern oder anderen Assoziationen, nichts muss …

»Georg Danton – *Dänny Dänton* – Julie – Hérault-Séchelle (*Holger von den Seychellen*) – Desmoulins (*Demolition Män*) – Jakob – Philippeau – Camille (*Pfefferminz*) – Sokrates – Alcibiades – St. Just (*Saint Lust*) – der Advokat von Arras – Marat – Venus (*Mars/Hügel*) – Chalier – Simon (*Simon & Garfunkel*) – Weib des *Seimänn*, La Flotte (*Simon & Furunkel*) – Judas – Lukretia – Appius Claudius – (*verstoßener Piusbruder, da muss man nachdenken*) – Robbespierre – Aristides – Messias (*Mohammed*) – Porcia – Hamlet – Gaillard – Kato – Legendre (*die Legende*) – Collot d'Herbois – Hébert – Tacitus – Sallust – the Präsident – Lacroix – Marion – Demaly – Adelaide – Rosalie – Adonis – Paetus – Fabricius Paris (*Kondomfabrik*) – Barère – Couthon & Collot – Johannes (*Kirsten*) – Jaqueline (*Mändy*) – Kornelia – Peik – Christinlein – Eugenie – Pygmalion (*Pygmäe*) – David – Lucile – Chabot – Delaunay – Fabre – Lafayette – Dumouriez – Brissot – Moses – Chaumette (*Mett-Wurst*) – Payne (*Max Payne*) – Anaxagoras – Mercier – Spinoza (*Spinat*) – Fouqier (*MutterFukker*) – Herman – Leroy (*engl*) – »Villatte und Lumière« (*Licht & Latte*) – Bajazet – Mirabeau (*Mirabelle*) – Orleans – Ludwig XVII. – Dschänerälll Dillon – Ödipus(*si*) – Samson (*Sesamstraße*) – Siegfried (*und Roy*) – Katinlina – Billaud – Amar & Voulland – Dumas (*die Duma*) – Platon – die Kainsbrüder – Nero (*Django*) – Charon.«

Nach demselben Prinzip eine Liste aller Begriffe, die im Stück vorkommen:

»Nationalkonvent – Republikaner (*old Schönhuber*) – Dezimvirn (*Dezember-Viren*) – Antediluvianer – Römer – Branntweinfässer – Volk – Aristokraten (*Aristocats*) – Ohnehosen – der JAKOBINERKLUB – Lyoner (*Würste*) – HÄ HÄ HÄ – tote Leute – Royalisten – Heerhaufen (*Kackhaufen*) – die Revolutionsregierung – Höflinge – Despotismus – Patrioten (*Trio mit vier Fäusten, da muss man nachdenken*) – das Guillotinenthermometer (*HOT HOT*) – Ultrarevolutionäre – Contrerevolutionäre – Hebertisten (*= Fans des Herbert*) – Gemäßigte – Spitzbuben – öffentliche Ankläger – Generäle – Grisetten (*Rosetten*) – Der WOHLFAHRTSAUSSCHUSS – Deputierte – Deportierte – Blut – Götzen (*Mario*) – Bürgersoldaten – DAS REVOLUTIONSTRIBUNAL – Epikureer – Kosmopoliten (*Cosmopolitan – Raumfahrerdrinks*) – Advokaten (*Friede den Vodka-Katen, Krieg den …*) – Aristokraten (*hatten wir schon*) – Heerstraßen (*Autobahn*) – JUSTIZPALAST – die Unbestechlichen (*The Untouchables*) – DER SICHERHEITSAUSSCHUSS – Bologneser Schoßhund (*Spaghetti Bolognese*) – Rockschöße – Jakobiner (*hatten wir schon*) – Quecksilbergruben – Proklamationen (*Pro Chlamydien*) – die soziale Revolution (*die asoziale Revolution*) – die Notwehr – die Bürgerwehr (*die Bundeswehr*) – das Schiff der Revolution (*wir schiffen auf die Revolution!*) – Bäckerknechte (*Knoppers*) – Verräter – eine Kommission – die Septembrisseurs – Girondisten – die Vogelscheuche der Revolution – das Blut der Zweiundzwanzig (*WM-FINALE*) – Gesetzgeber – BLUTKESSEL«

Eine Liebesliste, also nur Sätze und Dialogfetzen über Love and Sex, Schweinkram und Gefühl. Es bleiben am Ende von uns nur Listen:

»Was haben Sie mit Ihren Fingern vor?«

»Nichts!«

»Sehn Sie nur, das Ding hat eine ganz eigne Physiognomie.«

»Oh!«

»Wir wollen nackte Götter, Bacchantinnen, Olympische Spiele, und von melodischen Lippen: ach, die gliederlösende, böse Liebe! (...) die Venus mit dem schönen Hintern (...).«

»Du Kuppelpelz, du runzelige Sublimatpille, du wurmstichiger Sündenapfel!«

»Du Hurenbett, in jeder Runzel deines Leibes nistet Unzucht!«

»Ich bin immer nur eins; ein ununterbrochenes Sehnen und Fassen, eine Glut, ein Strom. (...) Danton, deine Lippen haben Augen.«

»Ich möchte ein Teil des Äthers sein, um dich in meiner Flut zu baden, um mich auf jeder Welle deines schönes Leibes zu brechen.«

»Ach, er ist sonst ein braver Mann, er kann nur nicht viel vertragen; der Schnaps stellt ihm gleich ein Bein.«

»Dann geht er mit dreien!«

»Nein, er fällt.«

»Richtig, erst geht er mit dreien, und dann fällt er auf das Dritte, bis das Dritte selbst wieder fällt.«

»Hä, hä, hä.«

»Die Schenkel der Demoiselle guillotinieren dich, der Mons Veneris wird dein Tarpejscher Fels.«

STOP. Die Liste geht noch weiter, endlos weiter, viel Sex und Love bei Danny Dänton, wenig Love and Sex in »Wallstone«, LIEBTE WALLSTONE? WER WAR WALLSTONE? Da sind wir doch mal wieder im falschen Stück. »Jugendliche Halbstarke stürmen die Straßen aller Länder. Sie stürzen in den Louvre und schleudern der Mona Lisa Säure ins Gesicht. Sie öffnen Zoos, Irrenhäuser und Gefängnisse, bohren Wasserleitungen mit Presslufthämmern an, schlagen in den Toiletten der Passagierflugzeuge die Böden heraus, schießen auf die Scheinwerfer der Leuchttürme, feilen die Kabel der Fahrstühle bis auf einen einzigen dünnen Draht durch, werfen Haie und Stachelrochen, elektrische Aale und Candirus in Swimmingpools (der Candiru ist ein kleiner, aalähnlicher Fisch oder Wurm, etwa einen halben Zentimeter dick und 4,5 Zentimeter lang, und ein häufiger Gast in einigen übel beleumdeten Flüssen des Amazonasbeckens, wo er sich blitzschnell in einen Schwanz, ein Arschloch oder, wenn nicht zu haben, auch in eine Möse hineinschlängelt und sich dort mit einem spitzen Stachel festsetzt … JA, DIE ERDE IST EINE DÜNNE KRUSTE, ICH MEINTE IMMER, ICH KÖNNTE DURCHFALLEN, WO SO EIN LOCH IST. – MAN MUSS MIT VORSICHT AUFTRETEN, MAN KÖNNTE DURCHBRECHEN. ABER GEHEN SIE INS THEATER, ICH RATE ES IHNEN!), per Flugzeug und Auto, auf Pferden, Kamelen, Elefanten, Traktoren, Fahrrädern und Dampfwalzen, zu Fuß auf Skiern und Schlitten, an Krücken und Stelzen stürmen Touristen die Grenzen …, nicht der

Stärkere überlebt, sondern der Schnellere ..., als Seeleute verkleidet rammen sie die Queen Mary in voller Fahrt in den New Yorker Hafen, lassen Passagierflugzeuge und Busse aufeinander zurasen, um zu sehen, wer als Erster ausweicht, stürmen in weißen Kitteln und mit halbmeterlangen Sägen, Äxten und Skalpells die Krankenhäuser, zerren Gelähmte aus ihren Eisernen Lungen ..., koppeln künstliche Nieren ab, sägen eine Frau mit einer chirurgischen Zweimannsäge in der Mitte durch, treiben Herden von quiekenden Schweinen durch die Kaaba, scheißen in den Vereinten Nationen auf den Fußboden und wischen sich den Hintern mit Abkommen, Verträgen und Bündnissen ab ...« (aus meinem Antwort-Cut-up an Jürgen Ploog. Büchner, Burroughs und M.E.)

Und in Mannheim müssen wir NEUSTART alles über Bord werfen. AUF DASS DER STROM SICH ROT FÄRBE ... Vom Mare Nostrum drückt es die Ströme ins Land zurück. LISTEN, LISTEN, wo sind die Listen, best of Sterben, Dreißgjähriger, Hundertjähriger Krieg, der aus dem Fenster stieg ...

WALLSTONE, WO BIST DU? WER IST WALLSTONE? WER IST WALLSTONE.

– FRAGE: Die Figur des Wallensteins ist ja, so wie ich das verstanden habe, daran gescheitert, dass sie zu viel Macht angehäuft hat ...

– KUCZYNSKI: Also ich würde glauben, dass Kriege meistens, nicht immer, aber meistens, also wenn sie Angriffskriege sind, aus ökonomischen Gründen, aus Machtgründen geführt werden. Wobei die ökonomischen Gründe durchaus im Hintergrund bleiben können, und häufig auch die Machtfrage die vorantreibende ist. Das findet auf einer ökonomischen Basis statt, aber es muss nicht immer ökonomische Gründe haben, aber es hat wohl immer Machtgründe. Es geht letztlich immer um die Macht. Die Erhaltung von Macht, oder aber die Vernichtung von Macht, ganz wesentlich, das ist zumindest für die europäische Geschichte seit dem 15. Jahrhundert ganz sicher anzunehmen.

– FRAGE: Ein gewaltiges Chaos durch die Fanatisierung des Fußvolks, ein gewaltiges Chaos, Gott ist auf unserer Seite, bye-bye, guter Kalter Krieg, bewegen wir uns in einem gewaltigen Chaos?

– KUCZYNSKI: Ja, aber das Chaos hat seine Ausgangspunkte. Als Erstes würde ich nennen Huntingtons *Clash of Civilizations*, der Kampf der Kulturen, ja, also da wurde sozusagen die hervorragende Nachfolge des Kalten Krieges gefunden, nun ist also nicht mehr die zusammengebrochene Sowjetunion der Hauptfeind und der Kommunismus, sondern der Islamismus. Das ist der Ausgangspunkt des Kreuzzuges gegen den islamistischen Terrorismus, so wie das Bush der Zweite formuliert hat. Das Interessante an dieser Konstellation, ob es Afghanistan, ob es Libyen angeht, ob es den Irak anging, ob es Syrien anging, das waren natürlich alles Diktaturen, die weitaus progressiver waren, obwohl sie Diktaturen waren, weitaus progressiver als etwa Saudi-Arabien usw., diese Diktaturen störten, sie störten ungemein. Erstens hatten sie meistens, vor 1990, eine gewisse Affinität zur Sowjetunion, sie waren immer antiamerikanisch ausgerichtet, deshalb mussten sie beseitigt werden. Das Resultat war, und das ist das Chaos, was Sie meinen, waren regelmäßig *failed states* … Man muss sich mal vorstellen, Libyen hatte, also nach UNO-Angaben, nicht den eigenen, nach UNO-Angaben hatte es den höchsten Wohlstandsindex von ganz Afrika! So, und nun sehen Sie sich Libyen heute an. Es ging also hier wirklich um Machtkonstellationen, hinter denen sicherlich ökonomische Interessen standen, wobei der militärisch-industrielle Komplex immer ein ökonomisches Interesse hat.

– FRAGE: Ich habe mich mit den Reden Gaddafis beschäftigt und habe die in Texte der sogenannten Frankfurter Poetikvorlesungen eingebaut …, großartige, blumige Texte. Er betrieb ja eine sogenannte, ich will Sie jetzt nicht miss-zitieren, PROGRESSIVE DIKTATUR …

– KUCZYNSKI: Ja, so könnte man es nennen.

– FRAGE: Also wenn man das Programm liest, was der vorhatte, wie der auch die Religion der unteren Kasten, sag ich mal, mit ins Boot genommen hat, und was der vorhatte, du äh, äh, den Reichtum dieses Landes …, äh …, da denkt man, mein Grott, was für ein Idealist, und was ist aus dem geworden.

– KUCZYNSKI: Jaaa, das ist aber …, da müssen wir klar unterscheiden zwischen dem Gaddafi des grünen Buches, das ist vierzig Jahre her, und dann war der Mann vierzig Jahre an der Macht. Und das …, das verträgt niemand. Ich kenne niemanden, also außer vielleicht Könige …, das kann der vielleicht sein, also hier …, Franz-Josef. Aber eine Diktatur, wo es vielleicht über Jahre und Jahrzehnte geht, das kann in den aller-aller-seltensten Fällen wirklich gutgehen, und zwar offenbar nahezu gesellschaftsunabhängig.

– FRAGE: Diktatur des Proletariats doch immer Zwischenstufe, erst mal die Dinge erzwingen, bevor wir dann …, Utopia. Warum, verdammt nochmal, nie Endstufe?

– KUCZYNSKI: Wer an der Macht ist, ist in den aller-allerseltensten Fällen in der Lage, sie abzugeben. An Vertraute. Im Gegenteil. Es gibt die Legende, dass Stalin ziemlich kurz vor seinem Tode gesagt haben soll, diese blinden Kinder, die werden das alles den Bach runterlaufen lassen. Damit meinte er seine Stellvertreter, ja. Und dieses Generalmisstrauen, ja … Es gibt vielleicht die Ausnahme mit Fidel Castro, der die Macht an seinen Bruder abgegeben hat …

WALLSTONE IST DER BRUDER DES KRIEGES, WALLSTONE IST DER KAPITÄN DES TOTENSCHIFFES, WALLSTONE EINTE IN SEINEN TRÄUMEN EUROPA KAISERLOS.

Worum geht es also? Bzw. wo geht's los?

WALLSTONE spielt zum allergrößten Teil in Pilsen. Pilsen, meine sehr verehrten Damen und Herren, ist in der Tschechoslowakei (ich stelle eine Flasche Pilsner Urquell auf den Bühnen-Schreibtisch bzw. unter den Tageslichtprojektor der Goethe-Universität, der sie auf eine GIGANTISCHE Leinwand projiziert), heute auch bekannt als Tschechei beziehungsweise Tschechien. Die Tschechoslowakei, meine sehr verehrten Damen und Herren, bestand früher aus den Teilen Slowakei und Tschechei, Wallenstein hat diese beiden Länder getrennt, und … äh … in Pilsen gab es viele, viele Jahre eine Mauer, Pilsen war eine geteilte Stadt nach Wallensteins Einfall im Dreißigjährigen Krieg, es war eine geteilte Stadt, es gab also eine Mauer in Pilsen, dort, wo das Stück spielt, wo »Wallstone« spielt, wo »Wallenstein« spielt, auf der einen Seite gab es Pilsner Urquell, auf der anderen Seite … auch. Dann, meine sehr verehrten Damen und Herren, schaun wir doch mal rein, wie's in Pilsen so aussieht (die Flasche Pilsner Urquell wird geöffnet). Sind wir zu laut? (Ein Zwischenruf aus dem Publikum bezüglich der Lautstärke irritiert Clemens Meyer in the role of Wallstone.) Sind wir zu laut? Krieg ist immer laut, Krieg ist die Hölle, Krieg ist scheiße, aber der Sound ist geil. So. Pilsner Urquell. Schaun wir doch ma rein, was hier in Pilsen so los ist (trinkt). Zum Wohl! Schön ist's in Pilsen.

Ja, also in beziehungsweise vor Pilsen spielt ein großer Teil des Stückes, das ist der erste Teil, das ist Wallensteins Lager … Und da sehen wir hier schon Wallensteins LAGER (ich lege eine Flasche Lagerbier, genauer gesagt Becks Amber-Lager, auf den Tageslichtprojektor).

Da isses, da ist Wallensteins Lager, das ist der erste Teil. Und in Wallensteins Lager, da is richtig mächtig was los …, das heißt hier Amber-Lager, und Amber, meine sehr verehrten Damen und Herren, war Wallensteins Freundin, war eine Mätresse, die im Gefolge der Marketenderin Mutter Courage ins Lager kam, von dem es ja so schön heißt: »Sein Lager nur erkläret sein Versprechen«, nein, nicht sein Versprechen, das war ein Versprechen, sein Verbrechen natürlich, und das Versprechen, was er der Amber gab, also Liebe natürlich, das konnte er nicht halten, denn das Paradoxe war, das Wallenstein im Prinzip nie in seinem Lager vorhanden war. Warten auf Wallstone. Und deswegen ging das nicht gut mit Amber, und Amber verschwand wieder aus dem Lager, und Wallenstein war wieder einsam.

So, und was ist denn hier noch so los in WALLENSTEINS LAGER? (Ich öffne die Flasche und trinke.)

Ahhh, ja, also da gibt es viele verschiedene Fraktionen, da gibt es die Kroaten, da gibt es die berühmten und treuen Pappenheimer, meine sehr verehrten Damen und Herren, der berühmte Ausspruch »Ich kenne meine Pappenheimer« ist aber nicht aus dem ersten Teil, Wallstones Lager, sondern aus dem zweiten Teil, oder ist das aus dem dritten Teil?, das ist eh verwirrend mit dieser Trilogie, das ist quasi ein Trio mit vier Fäusten, denn der gute alte Schiller unterteilte sein Stück selbst in zwei Teile.

Aber zurück zu den Pappenheimern, man sagt ja heute noch »das ist nicht von Pappe«, die waren also, meine sehr verehrten Damen und Herren, eine schwerst gepanzerte Reiterei, während die Kroaten eine leicht gepanzerte Reiterei waren, deswegen waren sie auch so gefürchtet, also die Kroaten, wie sie mit ihren wendigen Pferden überall hinkamen. Und wenn die Kroaten kamen, das hat mir ein Freund erzählt, der kroatische Schriftsteller Edo Popović, dann haben sie alle umgebracht, auch die Katzen und die Hunde. Und die Kroaten haben übrigens im Dreißigjährigen Krieg die Krawatte erfunden, sie haben aus einem vorher angefertigten Schnitt im Hals des Opfers die Zunge herausgezogen, und das war dann die Krawatte. Manchmal haben sie die auch noch lustig bemalt, mit Mickymausmotiven … Also das hat mir zumindest Jesus in Mannheim erzählt, also Enrico Meyer, das mit der Krawatte.

So, da muss ich doch mal schnell in meine Aufzeichnungen gucken, was ist passiert in Wallensteins Lager, Amber ist, wie gesagt, verschwunden, taucht auch gar nicht mehr im Stück auf, äääähhh, ja. Also es ist eigentlich gar nichts weiter passiert, außer dass die ganzen Soldaten das ganze

Pilsner Urquell weggesoffen haben und es dann nur noch Lagerbier gab, da war dann Schluss mit lustig, denn vorher ging's durchaus lustig zu, es waren dann schlechte Zeiten … Ach so, das hatte ich fast vergessen: Wallenstein stand ja im Begriff, sich vom Kaiser loszusagen. Das ist ja der große Grundkonflikt, die Macht, wir haben drüber gehört, wir haben den großartigen Thomas Kuczynski darüber sprechen gehört … Wallenstein war im Begriff, ein Desperado zu werden. Er hatte zu viel Macht. (Ich lege eine Flasche DESPERADO-BIER auf den Tageslichtprojektor.) Und hier haben wir Wallenstein als Desperado. Viel, viel Macht hat Wallenstein gehabt, das ist hier mit Tequila zugesetzt, fünf Komma neun Prozent, sehr, sehr mächtiger Desperado, und das musste natürlich verhindert werden, und da kommen wir schon …, kommen wir schon fast zu Teil zwei, aber Desperado, das lockt natürlich, und da muss man ja natürlich glatt mal schauen, ob das wirklich schon so alles auf der Spitze stand, Knopf und Spitz …, nee (ich öffne die Flasche und trinke).

Einer meiner Gäste in Mannheim, der großartige Oberst Rock, behauptete, Wallenstein wäre im Prinzip so etwas wie ein Warlord gewesen. Ja, ganz mächtiges Bier …, und dann geht auch schon der zweite Teil los, im ersten Teil wird viel geredet, wie das im Theater meistens so ist, das ist auch recht lustig, aber im zweiten Teil geht es nun mal richtig zur Sache. Denn im zweiten Teil, meine sehr verehrten Damen und Herren, da treffen wir auf die Piccolos, auf die Piccolominis, das sind im Prinzip die Hauptpersonen im zweiten Teil. (Ich lege eine PICCOLO-FLASCHE ROTKÄPPCHEN auf den Tageslichtprojektor).

Denn Wallenstein hatte gute Freunde, eben jene Piccolominis, da haben wir hier den Octavio Piccolo, und der hatte auch noch einen Sohn. Da ist das Söhnlein, und der war, man kann das so sagen, wie auch Schiller schon in seinen jungen Jahren, ein brillanter Kopf (ich lege eine Piccolo-Flasche SÖHNLEIN BRILLANT neben die Piccolo-Flasche Rotkäppchen).

Diese beiden Piccolöchen-Minis, Vater und Sohn wie sie im Buche stehen, der Vater Octavio wollte dem guten alten Wallstone helfen, und sagte, Nein, du darfst kein Desperado werden, du darfst dich nicht vom Kaiser abwenden, aber ..., was wir zu diesem Zeitpunkt noch nicht wissen, im Hintergrund bahnte sich das schon an, dass er der neue Chef des gewaltigen Heerhaufens werden sollte, denn Wallenstein hatte, wie gesagt, zu viel Macht, der musste weg. Nun ist das aber mit der Macht und den Intrigen so eine Sache bei Schiller, es geht ja im Prinzip nie ..., nie ohne die Liebe.

Die gute alte Liebe. Denn Mäxchen, das Söhnlein, war verliebt. Und zwar ... äh ... in ...

(unbemerkt rollt Max Piccolomini vom Tisch und stürzt zu Boden).

Oh, ooohhhh, das ist jetzt zu früh, der stirbt doch später erst. Aber Liebende liegen gern, da hat er sich schon hingelegt, und hier haben wir die Thekla. Jawoll, er ist verliebt in Thekla, die Tochter von Wallenstein, benannt nach einem Stadtteil in Leipzig, ja, das können Sie gerne nachprüfen. Und das ist halbtrocken hier, Sekt rot halbtrocken (ich lege eine Piccolo-Flasche Rotkäppchen halbtrocken zum Söhnlein), ich wollte eigentlich ein Fläschlein lieblich, denn

Frauen trinken gerne süßen Sekt, kann man das sehen hier?, Frauen trinken gerne lieblich, das ist allgemein bekannt aus der Geschichte der Kriege, und die beiden sind also richtig verliebt ... Quizfrage: Wie macht man aus einem halbtrockenen Sekt einen lieblichen Sekt? Man trinkt die Hälfte ab.

AAAH, die Liebe. So, zum Wohle!

Ja, meine sehr verehrten Damen und Herren, es ist nämlich Bergfest hier! Ich habe zweieinhalb Vorlesungen geschafft, also die heutige ist zur Hälfte rum ... Bergfest. Ja, da darf auch mal geklatscht werden. Danke.

Sooo. Ich habe hier noch eine ganze Kladde mit, da können wir hier noch ENDLOS weitermachen, ich habe noch LISTEN, fünf klassische Stücke in Listen unterteilt, in ganz hervorragende, lustige Cut-up-Listen, aber vorher erst mal zurück zum »Wallenstein«.

Das ist also Thekla, sie ist verliebt, ein ganz, ganz, ganz süßes Mädchen (ich trinke von ihr).

Und Vater und Sohn Piccolo, die haben sich nicht mehr vertragen, weil der alte Desperado sich einfach mal dazwischengeschoben hat (der Mann auf der Bühne verschiebt die Flaschen). Wobei, so einfach ist es nicht. Wer mir widersprechen will, der widerspreche oder töte mich einfach, das geht nämlich ganz schnell, wenn man mal nicht einer Meinung ist, wird man ganz schnell ... totgeschlagen. Äh, woran Wallenstein dann etwas später gestorben ist, er hat versehentlich eine Flasche Clausthaler alkoholfrei getrunken. Dann war das Stück auch schon zu Ende. Und um alle anderen Figurenkonstellationen zu erklären, würde die Getränkeabteilung des METRO-Großmarktes nicht ausreichen.

WALLSTONE IST METRO-NOM DES KRIEGS, WALLSTONE
IST WALLENSTEINER, DAS EISERNE KREUZ, WALLSTONE
IST,
Oh my lover, WALLSTONE IST GRÄBERUNENDLICHKEIT,
ist FIDELCASTRO-UNSTERBLICHKEIT.

– KUCZYNSKI: Ja und dann? Wissen Sie, es gab einen Witz aus der Sowjetunion, dass ein Mittel erfunden wurde, Tote zum Leben zu erwecken. Und natürlich wurde als Erstes Lenin zum Leben erweckt. Und der ging in sein Zimmer, und da stand natürlich die Wache davor, und abends guckt man nach, und er ist weg! Keiner da, niemand. So, und da sagt man, na gut, wir haben ja noch paar Tropfen. Damit werden wir Dserschinski wiedererwecken, also den Begründer der Tscheka, der politischen Polizei, heute nennt man das FSB. Und das klappt auch, und den bringen sie in Lenins Arbeitszimmer, zieht da irgendein Geheimfach auf, und … da liegt ein Zettel drin: »Lieber Felix, komme bitte nach Zürich, wir müssen wieder von vorne anfangen.«

Am Anfang war Amerika

Bevor wir mit dem vierten Teil »Am Anfang war Amerika« unserer auf 7 Teile angelegten Serie »Der Untergang der Äkschn GmbH« beginnen, noch dieses:

Der ÄKSCHN GMBH wurde von einigen Literatur-Inquisitoren vorgeworfen (eigentlich war es nur ein Klein-Inquisitor, aber MEHRZAHL klingt besser, und Inquisitor ist auch der falsche Begriff, ob groß oder klein, der INQUISITOR in Schillers »Don Carlos« ist in der Interpretation des Philosophen Slavoj Žižek der Bewahrer des ungeheuren Wissens, aber als ich im »Don Carlos« lese und blättere, finde ich ihn nicht, den Inquisitor, taucht er nicht auf, erst am Schluss, aber vielleicht habe ich ihn einfach ÜBERBLÄTTERT, bei Dostojewskij wird Jesus, Mitglied der ÄKSCHN GMBH seit dem ersten Tage, seit dem Jahre NULL, vom Großinquisitor …, aber das wissen Sie ja alles selbst aus der LEKTÜRE), vorgeworfen wird also der ÄKSCHN GMBH, sie würde nur HEISSE LUFT produzieren.

Ja, die ÄKSCHN GMBH produziert heiße Luft, JAAA, die ÄKSCHN GMBH produziert so viel heiße Luft, dass die Pole schmelzen, sie produziert so viel heiße Luft, dass sie diese in den kalten Wintern in die Notunterkünfte der Obdachlosen leitet, die ÄKSCHN GMBH produziert zweifelsohne mehr heiße Luft als der Monsun, jene großräumige Luftzirkulation der unteren Troposphäre im Gebiet der Tropen und Subtropen im Einflussbereich der Passate.

Ein Merkmal des Monsuns sind dessen sehr richtungsstabile Monsunwinde in Verbindung mit einer zweimaligen Umkehr der häufigsten Windrichtung im Verlauf eines Jahres, alles MERKMALE UND EIGENSCHAFTEN DER ÄKSCHN GMBH, welche ZWEIFELSOHNE mehr heiße Luft fabriziert als der Mistral, dem die GMBH zusammen mit Jean-Paul Belmondo erstmals im Filmklassiker »Der Mann aus Marseille« in Marseille begegnete, DER MISTRAL, der durch die Landmasse aufgewärmt sehr warm weht, er zerfetzte mir einmal meinen Stadtplan, den ich ausbreitete vor mir, um die legendäre Seefahrerkirche Notre-Dame de la Garde zu finden, wo ich mich kundig machen wollte über den bevorstehenden UNTERGANG,

O JA! heiße Luft pumpt die ÄKSCHN GMBH in the air, heißer, HOT HOT, als der Shirocco, und der Shirocco ist ein heißer Wind aus südlichen bis süd-östlichen Richtungen, der von der Sahara in Richtung Mittelmeer weht. Der Shirocco ist ein gleichmäßiger heißer Wüstenwind, der oft im Frühjahr, frühen Sommer und Herbst weht. In Extremfällen können Shirocco und ÄKSCHN GMBH auch Geschwindigkeiten eines tropischen Wirbelsturmes erreichen. Heiße Luft der Sahara, die das Mittelmeer austrocknet, Mare Nostrum, das du bist im Himmel, Professor Thomas Kuczynski, das als Nachtrag zu III, zählte die Toten mit in seinen Berechnungen der erzielten Einnahmen und Gewinne und zur Entschädigung der Zwangsarbeiter, er war der Erste, der die Toten mitzählte, das ist doch immer die Lösung, die Toten mitzuzählen, die Toten steigen in ihre Gräber, die Toten steigen aus ihren Gräbern …

WAS SUCHTE DIE ÄKSCHN GMBH in den heißen Winden, in den toten Wüsten der heißen Luft? Den Gral? Wieder einmal, immer noch …

»Der heilige Gral ist immer nur Kultur, also Dreck, nur der heillose Gral ist Kunst. Der heillose Gral ist das Geilste, aber nichts Besonderes. Den heillosen Gral brauchen wir aber nicht zu suchen, den pinkeln wir – als Druck der Sache – jeden Tag raus.« (Jonathan Meese)

1

’43 in Hollywood, da fragten sie mich immer: Wie war das mit dir und dem Goebbels, Douglas? Immer wenn ich den Selznick traf, wollte der die Geschichte hören. Keine große Sache, David, habe ich dann immer gesagt:

Als ich ’38 nach Paris ging, schrieb mir Goebbels einen Brief. »Lieber Detlef Sierck, Sie sind ein großer Regisseur, das deutsche Volk braucht Ihre Filme. Sie sind ein guter Vertreter der arischen Rasse. Ich habe mit dem Führer selbst gesprochen, und er wünscht dringend, dass Sie zurückkehren.«

Das mit dem »guten Vertreter der arischen Rasse« fand der Selznick furchtbar komisch, und auch der Rainer Werner hat sich dreißig Jahre später richtig amüsiert, weil ich doch der Erste war, der mit »Hitler’s Madman« einen Anti-Nazi-Film gedreht hat, für die MGM, da war ich grade mal fünf Jahre weg aus der Heimat. Und wie ich Hitler und Heydrich getroffen habe, wollte der Selznick immer wieder hören.

Er war damals schon alt und vom Winde verdreht und produzierte für MGM »Duel in the Sun«, mit Greg Peck, der ganz am Anfang seiner Kariere stand. Da war ich schon bei der UA, aber der Selznick wollte wissen, was ich von dem Jungen halte. Mir war klar, dass der das Zeug zum Star hat. Ich hätte gerne mit ihm gedreht, so wie später mit Rock für die Universal, all die Hits, aber mit Rock war das anders. Keiner glaubte an Rock. Erst nach »Magnificent Obsession«

sind sie alle gekommen, »Haben wir doch immer schon gewusst, Doug, dass der Rock…«, Walk of Fame, so war das damals.

War eine seltsame Zeit anfangs in Hollywood. Alle waren sie drüben, Billy, Fritz, Robert, der Edgar Ulmer …, war nicht so einfach da reinzukommen. Und bevor Selznick mich zur MGM holte, hatte ich eine kleine Farm im San Fernando Valley, eine Hühnerfarm. Dort lebte ich mit meiner Frau, hab geglaubt, das ist das Ende vom Lied, und wir leben von den Eiern, und manchmal denke ich, das war meine glücklichste Zeit in Amerika, auch wenn es mir finanziell nicht besonders gutging.

Kurz später habe ich Max Reinhardt getroffen, der betrieb eine Schauspielschule in Kalifornien. Das war schon tragisch, der Große Max, der die zweitklassigen Hollywood-Dreamers ausbildete, fast alles Theaterschauspieler aus der Provinz. Max' Frau fragte mich, ob ich die Schule nicht übernehmen wolle, aber das war *zu* deprimierend. Kurz darauf ist er gestorben. Vergessen.

Und die Scheinwerfer blendeten über die großen Bühnen, the big screen, Claudette Colbert war so schön wie Zarah Leander, *persönlich* hat sie sich dafür eingesetzt, dass ich diesen Noir-Streifen »Sleep, My Love« mit ihr drehe, »Ich und Sirk oder keiner von uns!«, sie war ein großer Star Ende der Vierziger und wusste genau, was ich für Zarahs Karriere bedeutet hatte. Als ich später Mary traf, die scheue Mary Monroe, ich weiß noch, wie ihr blondiertes Haar unter der Laterne leuchtete, das war in L.A. vor dem Haus dieses toten Brecht-Schauspielers, den Namen habe ich vergessen, obwohl er mal sehr berühmt war drüben in Deutschland, sie haben seine Bibliothek verscherbelt, und Mary hat ein paar Bücher gekauft, sie war wirklich klüger, als die meisten damals dachten, das war lange bevor sie Arthur kennenlernte, ich kannte sie aus diesem Huston-Film, in dem sie eine kleine Nebenrolle spielte, und Mary sagt zu mir, auf ihre stille, scheue Art: »Mister Sirk, ich bewundere Sie für dieses Licht, in dem Claudette Colbert in ›Sleep, My Love‹ saß, ganz zu Anfang in dem Zug.«

Ich habe sofort den alten Selznick angerufen, aber der sagte nur: »Mary who?«

Ich hätte alles gegeben, um Rock und Mary in einem Film zu haben. Die beiden waren gemacht fürs Melodram. Ich hab ja auch den jungen Dean besetzt, war nur eine winzige Nebenrolle in »Has Anybody Seen My Gal«, aber mir war klar, dass der Junge alles hatte, alles!, und ich und Zugsmith hatten ein Treatment in der Schublade, »Hudson Dean Monroe«, ein großes Drama über zwei Freunde und ein Mädchen aus der ..., sagen wir Showbiz-Branche. Eine Art »Written on the Wind« in Vegas. Vegas war damals groß im Kommen, aber die Studios waren Skeptiker des Lichts, Minnelli hat sich eine Weile dafür eingesetzt, aber dann starb Jimmy, und später Mary, und Minnelli hat kaum noch gedreht, und dann bin ich auch gegangen, '63. »Imitation of Life«. Luis Trenker hat mich in die Schweizer Berge gerufen, so hat's der Rainer Werner später immer ausgedrückt.

Und ich hatte sogar Erich schon so weit, dass er ein Drehbuch schreiben wollte für mich und Zugsmith und die beiden letzten unseres Star-Trios. Er kam gut an in Hollywood seit »Arc de Triomphe«. Als wir ’55 beim Calvados saßen, oder war das ’57, als wir Jimmy schon umbesetzen mussten, Brando war schlecht zu kriegen … Walk of Fame, aber ich hatte den jungen Newman im Focus, aber Erich Maria hatte den Kopf nicht frei, sagte dann einmal beim Lunch: »Detlef, ich habe ein fürchterliches Problem.«

Ich trank meinen Calvados und fragte: »Worum geht’s denn, Erich?«

Und er erzählt von den beiden Frauen, die hinter ihm her sind. Und ich sage: »Aber Erich, das klingt ja entsetzlich, wer ist es denn?«

Und er sagt, das seien die Paulette Goddard und die Dietrich. Und wen er denn nun heiraten soll.

Und ich sage: »Mein Gott, Erich, da steckst du ja wirklich im Schlamassel-Massel! Das ist ein böses Dilemma, Erich!«

Und er sagt, so war er nun mal, der alte Knabe, dass die Marlene schon sehr attraktiv, aber die Paulette ein Ass in Aktiengeschäften sei.

»Na ja«, sage ich also, »Aktiengeschäfte sind sehr wichtig, gar kein Zweifel.« Und wen hat er geheiratet? Paulette natürlich, und unser Drehbuch blieb Legende in Hollywood.

2

Als Kind fuhr ich mit meiner Mutter und meiner Schwester einige Male nach Amerika.

Meistens fuhren wir an den Wochenenden.

Wenn wir dann am Montag zur Schule gingen und uns mit unseren Mitschülern über das Wochenende unterhielten, konnten wir sagen: »Wir waren in Amerika.«

»Stimmt ja gar nicht.«

Oh doch, es stimmte. Amerika, Einwohner 76. Amerika, Sachsen, Postleitzahl 09322. Telefonvorwahl 037381.

Amerika lag zwischen Leipzig und Chemnitz, am Rande der Stadt Penig, inmitten bewaldeter Hügel. Ganz in der Nähe des kleinen Bahnhofs mit dem verschnörkelten Schriftzug »Amerika« floss die Mulde.

Heute, 2015, ist der Bahnhof nicht mehr in Betrieb. Das große Hochwasser von 2002, das the Präsident das Amt sicherte, hatte Teile der Strecke stark beschädigt.

Der alte Bahnhof wurde 1876, dem Jahr der Schlacht am Little Bighorn, als die Partisanen der NATIONS einen letzten großen Sieg feierten, amtlich als »Bahnstation Amerika« eingetragen.

Ich erinnere mich, dass wir durch die Hügel, die mir früher felsig wie die Rocky Mountains erschienen, wanderten, dass wir die Mulde überquerten, dass wir Eis aßen und Limo tranken und unsere kleinen Pappfahrscheine mit der Aufschrift AMERIKA sorgsam aufbewahrten. Als Kind wusste ich noch nicht, dass der Große DOKTOR MAY, dessen Amerika ich schon begonnen hatte zu bereisen, in Buch und Film, nicht allzu weit die Berge durchwanderte, nicht allzu weit weg im Zuchthaus Waldheim einsaß, nicht allzu weit weg auf Schloss Osterstein in Zwickau einsaß, nicht allzu weit weg in Ernstthal geboren wurde und nicht allzu weit weg in Radebeul bei Dresden starb. O GROSSES KLEINES SACHSENLAND. Ob er wohl mal in Amerika gewesen ist? Durch die Wälder und Berge Sachsens ist er ja gewandert, zwischen Schloss Osterstein und Waldheim, die Sehnsucht nach AMERIKA war groß in Sachsen. Wenn man nach Amerika wollte, musste man die Mulde überqueren, welche an dieser Stelle recht breit war. Dennoch reichten hierzu in der ersten Hälfte des 19. Jahrhunderts einige große Steine im Flussbett aus.

Man ging über's Wasser. Mein Danton alias Danny Denton, bekannt aus »Danton oder Tod im Dschungelcamp«, floh nach seinem vermeintlichen Tod nach Amerika, um die Revolution weiterzutragen, ähnlich wie in Heiner Müllers »Der Auftrag«, wo sie die Revolution von Frankreich nach Jamaika bringen wollten, die Sklaven befreien wollten. In AMERIKA trifft Danton am Ortseingangsschild »Amerika / Stadt Penig / Sachsen« Jesus, der dort einst über die großen Steine schritt.

Später wurde man mit einem Kahn ans andere Ufer befördert bzw. gezogen, warum aus der Mulde dann im Volksmund »Der Große Teich« wurde, ist nicht genau überliefert. Rüber ans andere Ufer, über den Großen Teich, ja, nach AMERIKA.

Als Kind wusste ich das alles nicht, sah das alte Bahnhofsgebäude mit seinem Vordach wie in einer kleinen Westernstadt.

Heute denke ich darüber nach, einen Roman oder zumindest eine längere Kurzgeschichte in AMERIKA spielen zu lassen, aber wie? Was könnte der PLOT sein?

Der alte Bahnhofsvorsteher, der seit dem großen Hochwasser arbeitslos ist? Ein Mann, der dort hinreist und seine Kindheit sucht? Bisschen dünn. DIE ÄKSCHN GMBH IST

PROUST IM KÖRPER BUD SPENCERS. Bisschen dünn. HOT HOT AIR.

Plakativ verseuchter Grund. Verbrannte Erde am Little Bighorn?

Das Amerika der Karl-May-Filme der 60er Jahre bereiste ich seit 2008 immer wieder.

Kroatien. Jugoslawien, wo einst Präsident Tito regierte, der 1963 LEX BARKER in seiner Rolle als Old Shatterhand in Belgrad empfing und mit LEX über den großen Krieg, in dem sie beide waren, sinnierte. Amerika ist: die Wasserfälle von Krk, der Naturpark Plitvice mit seinen Seen und Wasserfällen. Und das Velebit-Gebirge, wo sie alle starben. Winnetous Vater, Winnetous Schwester und schließlich Winnetou selbst. BEGRABT MEIN HERZ AN DER BIEGUNG DES FLUSSES. Bury my heart at Wounded Knee. Ein Roman über die Kriege, alle diese Kriege. KOMM WIEDER, DR. MAY. Mein guter Freund, der kroatische Schriftsteller Edo Popović, führte mich 2013 durch diese Berge. Die Schilder mit dem Totenkopf, die vor den Minen warnten am Rand der Wege, zwischen den Felsen.

Da war der Wilde Westen. Edo Popović, Popo, der von Jürgen Ploog, dem Piloten der ÄKSCHN GMBH, der Hunderttausende Meilen auf den STRASSEN DES ZUFALLS zwischen Amerika und der Alten Welt zurücklegte, und vom großen William S. Burroughs beeinflusst wurde, der mir nur dann vom Krieg erzählte, wenn ich ihn nicht fragte, MITTERNACHTSBOOGIE ... »Ich hatte lange geschlafen. Als ich endlich die Augen öffnete, waren dreißig Jahre vergangen.

In der Dämmerung sah ich fluoreszent-blaue Schienen ...,

stille Straßen, über die Autos wie Glühwürmchen krochen ..., kalkweiß gestrichene Häuser an den Rändern dunkler Wälder ..., eiserne Brückenarabesken ..., einen Neonfrosch mit gelber Krone ..., Glaskuppeln von Fabrikhallen, die mit Ruß bedeckt waren ..., die Festungen der Arbeiterviertel mit ihren abgeblätterten Fassaden ..., ein Mädchen mit einer Zigarette im Mund, das sich hinter einem hell erleuchteten Fenster auszog ..., leere Flüsse aus Stahl ...

Einst fuhr eine Flotte von Papierschiffchen darüber, die von Bleisoldaten gesteuert wurden. Die Schiffe sind in Vergessenheit geraten, aber die Bleisoldaten mit ihren fiebernden Blicken wandern noch immer durch die Städte.«

3

Alles begann mit Hemingway.

Natürlich begann es viel früher, begann mit der Bibel, deren Geschichten mich berührten (der wunderbare Jona im Wal, der aus dem *Herzen der Meere* zum HERRn betet ... WIE MAN SICH BETET, SO LÜGT MAN, nein, die Religion wird immer einen Platz in meinem Leben haben ...), begann mit Cooper und dessen großen Erzählungen aus den undurchdringlichen amerikanischen Urwäldern, seinen Erzählungen über die GRENZE, die immer weiter gen Westen wanderte, ein Amerika, das so anders war als die Helden-Welten und Weiten des Dr. May, begann mit Tom Sawyer und Huckleberry Finn, Mark Twain, der ja für Hemingway einer der Urväter der modernen amerikanischen Literatur war …

Und bevor mir Hemingway Freund und Reisebegleiter wurde, fast schon Mentor wurde, Ratgeber und Trinkkumpan und schweigender Gott der Sprache, zu dem ich flehte, wie ich später in New York zu Uwe Johnson flehen würde (hatten wir schon), O IHR GÖTTER DER SPRACHE, entdeckte ich auch noch den kühlen Witz des Stilisten Raymond Chandler, dessen Philip Marlowe wie ein einsamer Ritter durch die Neonwelten und die Vorstädte der STADT DER ENGEL wanderte, auf der Suche nach … Marlowe war ein Romantiker, der immer tiefer ins Herz der Finsternis vordrang, ein direkter Nachfahre des Marlow von Joseph Conrad, der den Strom hinauf zu Kurtz fuhr, Marlow, der auch die Geschichte des Lord Jim erzählt, Lord Jim nachreist, seine Spuren findet, Lord Jim, der aus Angst vor dem drohenden Untergang von Bord des Schiffes ging und dieses Versagen wiedergutmachen wollte und endgültig unterging, Lord Jim, den wir umkreisen im Strudel des Untergangs, ICH oder ER, Conrad ist der Chronist der Untergänge, Marlow ist der Erzähler des Untergangs, Reisender des Untergangs, »und im Abgrund liegt die Wahrheit«, Schiller, auch er verwandt in direkte Linie mit Hemingway, Marlowe und Marlow, Hemingway, mit dem alles begann …

Noch heute steht sein Foto auf meinem Schreibtisch, inzwischen zusammen mit einem Foto Hilbigs, H & H, ÄKSCHN GMBH, Hemingway, PAPA, wie er auch schon in jungen Jahren gerne genannt wurde, war immer da, als ich auslotete, wie die Sprache sein könnte, die ich finden musste, finden musste …, bewegliche, glasklare Sprache,

FINDEN MUSSTE, eine bewegliche, rhythmische, musikalische Sprache … Auf dem Foto ist nicht der junge Hemingway zu sehen, es ist der alte, müde gewordene Papa, weißbärtig, die breiten Schultern schmal geworden, in einem karierten Hemd steht er da am Schreibpult, skeptisch schaut er, mit einem melancholischen Lächeln. Erst kürzlich las ich wieder in einem Artikel im STERN über die angeblichen kurzen Sätze des Meisters, Hauptsätze mit wenig Adjektiven. Nein, mein Hemingway war pure Musik, war das UND, das er wie die Synkopen Johann Sebastian Bachs nutzen wollte, mein Hemingway war Komposition, war fließender Stil, war Elegie, war Musik.

»In the late summer of that year we lived in a house in a village that looked across the river and the plain to the mountains. In the bed of the river there were pebbles and boulders, dry and white in the sun, and the water was clear and swiftly moving and blue in the channels. Troops went by the house and down the road and the dust they raised the leaves of the trees. The trunks of the trees too were dusty and the leaves fell early that year and we saw the troops marching along the road and the dust rising and leaves, stirred by the breeze, falling and the soldiers marching and afterward the road bare and white except for the leaves.«

Und weiter in der deutschen Übersetzung dieses Anfangs des Romas »In einem anderen Land«, im Original »A Farewell to Arms«, Hemingways Originaltitel sind von einer tiefen Poesie und einem poetischen Pathos, »The Sun Also Rises«, was nicht nur im Deutschen zu »Fiesta« gemacht wurde, aber wie soll man das übersetzen, wortwörtlich »Und dennoch geht die Sonne auf«?, da klingt es einfach nur kitschig und ein wenig altklug, oder »Ein Abschied an die Waffen« …, nein, aber fast alle Hemingway-Titel haben dieses Elegische und Rhythmische, »For Whom the Bell Tolls«, biblische Wucht, »The Sun Also Rises« ist ja auch aus dem Buch Salomo; »Across the River and Into the Trees«, »Islands in the Stream«, »The Old Man and the Sea«, »A Moveable Feast«, und weiter mit der Musik des Beginns von »A Farewell to Arms«:

»Nach Norden zu konnten wir ein Tal und einen Wald aus Kastanienbäumen überblicken und dahinter einen zweiten Berg diesseits des Flusses. Auch um den Berg wurde gekämpft, aber erfolglos, und im Herbst, wenn die Regengüsse einsetzten, fielen die Blätter alle von den Kastanienbäumen, und die Zweige waren kahl und die Stämme schwarz vor Nässe. Auch die Weingärten waren dann dünn und kahlästig, und das ganze Land nass und braun und tot, voller Herbst.«

Ich las »In einem anderen Land« tatsächlich in einem anderen Land, ich las es in Spanien, 1997, wo ich den Meister treffen wollte, den ich damals immer beneidete um seine Kriegserfahrung, um seine Kriegsverletzung, ich dachte immer, wie dumm mir das heute erscheint, ich muss in ein Krisengebiet, muss zur Armee oder zum zivilen Wiederaufbau, muss den Krieg kennenlernen, weil der Meister ihn kennenlernte, müsste mich traumatisieren, um besser zu schreiben, bis mir ein guter Freund sagte: »Schreib doch über die Kriege vor deiner Haustür, schreib doch über die, die an die Drogen verlorengingen, schreib über die, die als Crashkids verlorengingen, schreib doch über die, die in den Gefängnissen verlorengingen, schreib doch über diese Kinder.«

Ich ging 1997 nach Spanien mit der Absicht unterzutauchen, weil ein Gerichtsverfahren in L. auf mich wartete, das mich, so befürchtete ich, ins Gefängnis bringen würde. Aber vielleicht würde mich ja diese Erfahrung Hemingway näherbringen, oder zumindest würde ich Genet treffen, den Heiligen der Mauern, andererseits, verschwinden wie B. Traven, der im Dschungel Mexikos verschwand ... Auf ins Spanien Hemingways!

Natürlich imponierte mir nicht nur seine Sprache, die geradezu süchtig machte, diese Musik und diese unglaubliche Dramaturgie der Short Stories, die mich fast noch mehr begeisterten als seine beiden ersten Romane. Der Trinker, der Boxer, der Afficionado der Stierkämpfe, der Kriegsheld, der Jäger, der Frauenheld, der Mann, der Joyce das Boxen beibrachte, der Mann, der Fitzgerald nach Hause schleppte und immer mehr trinken konnte als alle anderen. Ich wurde ein Fan, las fast noch mehr über ihn als von ihm. Ich hätte gerne einen Freund wie ihn gehabt. Aber als ich dann eine Hemingway-Biographie las, in der der Verfasser, ein gewisser Kenneth S. Lynn, die verkappte Homosexualität Hemingways behauptete, die natürlich daher resultierte, dass seine Mutter ihn als Kleinkind wie ein Mädchen gekleidet hatte, und der ihm DES WEITEREN genitale Minderwertigkeitskomplexe attestierte, war ich tieferschüttert. Zumal sich zur selben Zeit auch noch der gute

Freund, der mir sagte, ich solle über den Krieg im Viertel schreiben, als schwul outete. Dass Genet schwul war, wusste ich und verehrte ihn, obwohl mich die Hymne auf die Vaseline-Tube im »Tagebuch eines Diebes« schon etwas nervte, aber diese Sprache Genets, dunkel und lyrisch. Dann war er halt schwul. Aber PAPA HEM?

Komplett dekonstruierte Lynn den Mythos. Ich betrank mich, verbrannte diese sogenannte Biographie auf dem Balkon, wobei fast die Wohnung Feuer fing, und reiste nach Spanien.

Mit dem Untertauchen wurde das allerdings nichts, in Malaga bestahl mich eine schöne Zigeunerin, Pass, Geld, alles weg, und ich fuhr wieder nach Hause, immerhin über Paris, auch dort suchte ich den Mythos Papas im Quartier Lantin, das ich aus »Fiesta« / »The Sun also rises« kannte. In L. verurteilte man mich dann zu einer Bewährungsstrafe und drei Wochen in der Jugendarrestanstalt Zeithain. Ernüchterung an allen Fronten. D.h. wieder kein richtiges Gefängnis, um den großen Gefängnisroman schreiben zu können.

Aber mir blieb ja noch die Literatur, das Lesen, in Spanien hatte ich im Ebrotal die »Hügel wie weiße Elefanten« gesehen, ich glaube bis heute, dass ich den Bahnhof entdeckte, wo diese Story spielt. Das einfachste Setting, ich nenne es das RAUMPRINZIP, bringe Mann und Frau in einen Raum, lass sie reden und eine Dramatik entstehen, lass sie zerbrechen, lass sie tanzen, lass sie schweigen. DAS RAUMPRINZIP, FIGUREN IN RÄUMEN. Dort, auf diesem Bahnhof mit dem Bistro in der kleinen Stadt, hieß sie Fuentes de Ebro?, fühlte ich mich ihm nah.

Es fährt ein Zug durchs Ebro-Tal …, hier hatte ja die

große Ebro-Offensive stattgefunden, auch Hemingway war dabei gewesen, als die Faschisten noch einmal zurückgedrängt wurden, sein 2. Krieg …, der Mythos der internationalen Brigaden, der Mythos des Spanischen Krieges …

Und »A Farewell to Arms«, diese große Geschichte über WK I, über die Liebe und den Tod … Lynn, der Lügenbiograph (Jahre später las ich, dass einer der Söhne Papas tot aufgefunden wurde in Frauenkleidern, nein, er hatte sich sogar einer Geschlechtsumwandlung unterzogen), kritisierte am Plot des Romans, dass es unglaubwürdig sei, dass der Ich-Erzähler sich nach seiner schweren Verwundung plötzlich in Catherine Barkley, *the nurse*, verlieben würde, obwohl sie vorher nur ein erotischer Zeitvertreib für ihn gewesen ist. SHUT UP, Mr Lynn, er war dem Totenreich nahe, und deshalb muss er sich verlieben, um Rettung zu erlangen, aber der Krieg und der Tod sind sein Fluch, sie fliehen, sind glücklich, kriegen ein Kind, aber am Ende verliert er alles: »Es war, als ob man einer Statue Lebewohl sagte. Nach einer Weile ging ich hinaus und verließ das Krankenhaus und ging im Regen ins Hotel zurück.«

O stilles Pathos der Entbeinung, der GEFÜHLSENTBEINUNG, ich fühlte den Schmerz und fühle ihn wieder, wenn ich diesen Roman lese.

Und auf meiner Spanienreise am Fuße der Sierra Morena, ein Stück außerhalb von Córdoba in Andalusien, wo ich den Meister auf einem alten verlassenen Bahnhof traf, zusammen mit Genet, inmitten eines Haufens Vagabunden, die dort nächtigten, las ich die Short Stories, die Forty-Nine Storys wieder und wieder.

Begriff das, was er in seiner Nobelpreisrede das »Eisbergprinzip« nannte, fast alles unter dem Wasser des Erzählstroms, die Emotionen, die sich im Lapidaren zeigen, in Bewegungen zeigen, wie wird das Glas zum Mund geführt, welches Geräusch macht ein Ring am Glas, wohin schweift der Blick während eines Gespräches …, die Angst des alten Mannes in »Ein sauberes, gut beleuchtetes Café«, seine Angst vor der Einsamkeit, der Leere, dem Tod, die mit keiner Zeile angesprochen wird. Hier ging es nicht um *Hauptsatz, Hauptsatz, wenig Adjektive*, hier ging es um Tempowechsel und Rhythmus und Sprachmelodie, um Kraft, um Plot, um Dramaturgie, was interessierte mich da noch sein vielbeschworener, geschmähter angeblicher Machismo …, hier ging es nur um die LITERATUR.

So las ich am Fuße der Sierra Morena und glaubte, dass niemand jemals besser schrieb und schreiben würde können. Wusste aber schon damals *irgendwie*, dass es ein BESSER nicht gibt, WIR SPIELEN DOCH KEIN MONOPOLY, war begierig auf das, was PAPA, so nannte ich ihn ausschließlich in unseren Gesprächen, geprägt hatte, las später, zurück in L., seine Briefe, in denen er von seinen Lektüren berichtete, Tolstoi, Dostojewskij, vor allem Turgenevs »Aufzeichnungen eines Jägers«, immer wieder die »Aufzeichnungen eines Jägers«, ein Band zusammenhängender Kurzgeschichten und Erzählungen, ein frühes Konzeptalbum, in dem ein russischer Adliger durch seine Ländereien reist, er beobachtet die Menschen, erzählt ihre Geschichten und Tragödien, tieftraurig oft, Eisberge in den russischen Weiten, »Wenn Turgenev ›Krieg und Frieden‹ geschrieben hätte«, mutmaßte Turgenev-Fan Hemingway in einem seiner Briefe, wäre dieses Opus ungleich STILISTISCHER geworden, ich liebte solche literarischen Mutmaßungen, Dostojewskij, so Hemingway, sei ein großer Romancier gewesen, aber kein wahrer Stilist, ein miserabler Stilist, heute muss ich ihm, nach Lektüre der Übersetzungen der großen Swetlana Geier, widersprechen, aber so wurde Hemingway, denn heute nenne ich ihn nicht mehr Papa, mein erster Lehrer; mein Vater, dessen Bibliothek und dessen Lesen mich so prägten, gab mir zur selben Zeit den Zugang zu Thomas Mann, zu Werfel, zu Heinrich Mann, auf dem Schreibtisch Thomas Manns stand ein Foto Tolstois, als er die »Buddenbrooks« schrieb. So hing das alles zusammen. Ich trank Hemingways Lieblingscocktails in einer Leipziger Bar namens »Hemingway's«, die es längst nicht mehr gibt. Landete mehr als einmal in der Ausnüchterungszelle und redete mir das mit PAPAS Weisheiten schön. War das erste Mal '96 oder '97 im Prenzlauer Berg in Berlin und sah mich, beeindruckt von dieser Großstadt, Leipzig ist ja ein Dorf, im Paris von »The Sun Also Rises«, Bar an Bar an Kneipe. Da muss ich selbst lachen heute …

Entdeckte Sherwood Anderson und sein »Winesburg, Ohio«, auch eine Art Konzeptalbum zusammenhängender Storys über eine kleine Stadt. Anderson war einer der ersten Lehrer und Mentoren des jungen Hemingway. So hing das alles zusammen.

In der Stadtbücherei lieh ich mir auf VHS die deutsch-amerikanische Fernsehserie »Hemingway« aus, eine Co-Produktion mit dem ZDF, Ende der 80er, soweit ich mich erinnere, dieses »soweit ich mich erinnere« wird ja heute aus BEKANNTEN GRÜNDEN kaum noch benutzt. Stacy Keach als Hemingway. Mit einem gewaltigen Schnäuzer Marke

Frauenfreude und Tom Selleck. Keach spielte in den 70ern den Mike Hammer, bekannt aus dem ersten Kapitel »Der Untergang der Äkschn GmbH«. Die amerikanische Hardboiled- und Pulp- und Kriminal-Literatur erkundete ich wenig später, Namen wie David Goodis oder Chester Himes oder W.R. Burnett oder Jim Thompson sind heute fast vergessen. Literarisch waren sie oft verpönt, doch entdeckte ich in diesen Noir- oder Neo-Noir-Welten so manches Interessante, demonstrativ stellte ich sie in meinen Bücherreihen neben Thomas Mann oder Céline oder eben Hemingway, der Horror der Nacht, die Angst der kleinen Gangster, endlose Vorstädte, über die sich ein Netz aus Gier und Gewalt legte. Amerika war »Getaway« von Jim Thompson, Amerika war »Schießen Sie auf den Pianisten« von David Goodis, Amerika war »Lonely Crusade« und »Heiße Nacht für coole Killer« von Chester Himes, der die ersten *black detectives* erfand, Amerika war »The Asphalt Jungle« von W.R. Burnett, Amerika war »The Killer Inside Me« von Jim Thompson, verfilmt ebenfalls mit Stacy Keach …

Komischerweise sprach Keachs Hemingway in der Serie »Hemingway« mit der deutschen Synchronstimme Bud Spencers. Egal, wie alt Hem, wie ich ihn auch manchmal nannte, heute schämt man sich fast für solche Schwärmereien, egal, wie alt Hem gerade war in der Serie, er brummte und grummelte wie der alte Bud, und hatte auch mit 18, als er in Italien verwundet wurde, diesen gewaltigen Schnäuzer, unter dem sein Bariton jugendlich und ewig bollerte. Warum hat man ihn denn nicht gleich mit dem großen Bud Spencer besetzt? BUD SPENCER ist Hemingway. Aber, und das missfiel mir wirklich, obwohl ich die Serie immer wieder sah, alles, was mir gefiel, versuchte ich in einer Endloschleife einzufangen, WO WAREN SEINE FREUNDE? Kein DOS PASSOS, kein FITZGERALD, kein JOYCE … WO WAREN SEINE MITSTREITER, WO WAR DIE ÄKSCHN GMBH?

4

The wild Bunch, *die glorreichen Sechs* oder die Entdeckung der Moderne.

Alles resultierte aus dem Großen Knall, dem BIG BANG, *dem großen Krieg der weißen Männer*, wie das der heute fast vergessene Arnold Zweig (bekannt für »Erziehung vor Verdun«, »Das Beil von Wandsbeck« oder »Der Streit um den Sergeanten Grischa«) nannte.

Hemingway suchte die Klarheit, suchte eine neue, frische Sprache, undidaktisch, unverbraucht, für eine neue Zeit, wie schnell man das heute vergisst, DER URSPRUNG nach dem großen Fall, aber da waren ja noch die anderen, die ganz andere Wege bestritten im großen Malstrom der beginnenden Moderne, AM ANFANG WAR AMERIKA.

1998 hörte ich im Radio, dass eine Liste erstellt wurde, von englischen/amerikanischen Kritikern/Literaturwissenschaftlern. Die Top 20 der englischsprachigen Literatur des 20. Jahrhunderts. Auf Platz 1 und 3 James Joyce. »Ulysses« und »Finnegans Wake«. Okay. Auf Platz 2: »The Great Gatsby« von The Great Fitzgerald. Hemingway kam, glaube ich, auf Platz 7 oder 8. Mit »The Sun Also Rises«. Hinter Faulkner, der war mit »The Sound and the Fury« vertreten und mit »Light in August«.

Faulkner war ein sehr kleiner Mann. Einspaarundfünfzig groß. Er wollte unbedingt in den WK I ziehen. So wie Hemingway, so wie Dos Passos, so wie E.E. Cummings. Das war damals gerade in Mode. Das war ein UNGEHEURER RAUM an neuen Erfahrungen. Man wusste wenig über die MENSCHENFLEISCHMASCHINE, Zweig und Ludwig Renn und Remarque hatten ihre Romane noch nicht geschrieben. Fernsehen gab es auch noch nicht. Faulkner ging also zum Musterungsbüro, er wollte unbedingt zur Luftwaffe, das war damals auch groß angesagt, DER ROTE BARON, *the great Waldo Pepper*, fliegen, fliegen, die HEISSEN LÜFTE durchstreifen.

Obwohl Faulkner Schuhe mit hohem Absatz anzog, nahm ihn die amerikanische Armee nicht.

Zwar waren die Leute damals wesentlich kleiner als heute, aber Faulkner war einfach *zu* klein.

Also ging er nach Kanada. Versuchte es bei der RAF. Im Musterungsbüro wartete schon Baader. Moment, das war die andere RAF, wir meinen natürlich THE ROYAL AIRFORCE. (Als ich mit fünfzehn auf die Bezeichnung RAF in einem der Faulkner-Romane über WK I stieß, war ich tatsächlich irritiert. Ob die RAF sich dieser Paradoxie bewusst war?)

Da in Kanada andere Größennormen herrschten, vor allem wegen der MOUNTIES, die wie alle Gebirgsmenschen kleinwüchsig waren, auch ihre Pferde waren sehr klein, als Sitting Bull alias Tatanka Yotanka, ein weiterer Held meiner Kindheit und Jugend, ich hatte sogar ein Foto von ihm mit Unterschrift, nicht Original, auf meinem kleinen grünen Kinderschreibtisch, in dessen Schublade MOUNTIES wohnten, Tatanka Yotanka, bekannt geworden vor allem durch die Schlacht am Little Bighorn; als Sitting Bull also nach der Schlacht Asyl in Kanada fand, dachte er erst, die MOUNTIES wären die Kinder der richtigen Kanadier, sie konnten ja unter seinem Pferd mit ihren Ponys durchreiten und taten das auch. Ins Reservat ist er dann trotzdem gekommen, back in the U.S.A., und dort wurde er dann umgebracht.

Da also in Kanada andere Größennormen herrschten, wurde Faulkner sofort angenommen in the RAF, er lernte Fliegen in einem Modellflugzeug von MÄRKLIN, aber als es rüber in die HÖLLE gehen sollte, da war der Krieg auch schon vorbei. Das hat ihn so erschüttert, dass er Schriftsteller geworden ist.

Später las man in vielen seiner Kurzbiographien, ein schon damals sehr beliebtes Medium, dass er als Flieger in WK I aktiv gewesen ist.

Mein erster Faulkner-Roman war »Eine Legende«, »A Fable«, der 1954 erschienen war, eins seiner weniger bekannten Werke, das im WK I spielt. In seiner Kryptik und Verweigerung von Klarheit war es etwas ganz anderes als mein Papa Hem. Jesus taucht auf im WK I, er schart 12 Jünger um sich, ist er's, oder ist er's nicht? Tief beeindruckte mich dieses Graben in der Sprache, dieses mythologische Erzählen, auf jeder Seite fragte ich mich, WO SIND WIR? Und verstand doch alles im langsamen SCHÜRFEN. Die Großinquisitoren sind die Generäle. Jesus wird, wieder einmal, standrechtlich erschossen.

Und auch das Zitat von Christopher Marlowe, einem weiteren direkten Verwandten des bereits erwähnten Marlow(e)-Syndikats, das Hemingway seinem »A Farewell to Arms« voranstellte, tauchte auf: »Jawohl, ich habe Hurerei betrieben. / Aber das war in einem anderen Land; und außerdem, / Die Hure ist tot.«

Mythologie und Chronik, dachte ich damals, wie das zusammenbringen? Klarheit und poetische Kryptik. Das Wort Kryptik existiert scheinbar nicht. Ich googele und finde es nur im Zusammenhang mit einem TROJANER-VIRUS, »Kryptik is a horrible Trojan …«, und im Zusammenhang mit Sigrid Löffler, der bekannten Literaturkritikerin (das nur erklärend ergänzt für die Generationen der späteren Leser). »Nach 250 Zeilen Kryptik immerhin beschließt Frau Löffler: ›Die Spaßgeneration hat sich ausgewitzelt.‹ *(Quelle: taz 1997)*«

Faulkner und Hemingway sind Mitglieder der WILD BUNCH, der glorreichen Sechs.

Faulkner prägte das böse Bonmot, als ihn einmal seine Tochter vom Saufen abhalten wollte, er verschwand ja regelmäßig / unregelmäßig mit einem Riesen-Krug Schnaps auf dem Dachboden: »Who remembers Shakespeares children.« Kühl ist's in Amerika.

HOT ist's in Amerika, Faulkner, dessen Bewusstseinsströme bis heute unerreicht sind, er ließ sie ALLE in Gedanken fließen, in eigenen Tönen fließen, Mörder, Priester, geistig Zurückgebliebene, verlorene Frauen und Mädchen, Rednecks, Fanatiker, Pazifisten, Alkoholschmuggler, Südstaatenadel und sogar Jesus. Faulkner erzählte, und das ist elementar, die Tragödien shakespearscher Ausmaße mit *white-trash*-Personal, ohne dass jemand sagte: »Unterschichtenliteratur«.

Aber es war Dos Passos, der große John Dos Passos, der mir aus den Hemingway-Biographien und -Briefen bekannt war und der in der ominösen Liste hoffentlich in den Top-Ten war, gewesen sein muss, ich erinnere mich wirklich nicht mehr und auch googeln hilft hier wieder nicht; es war Dos Passos, der mir ein *wirkliches* Erweckungserlebnis bescherte. MANHATTAN TRANSFER. Nein, so etwas hatte ich noch nicht gelesen. Nein, so etwas war mir noch nicht untergekommen. Der BIG BANG hatte Dos Passos' Welt zerrissen.

Der BIG BANG hatte seine Sprache zerrissen und geformt. DAS IST DIE MODERNE, dachte ich schon nach wenigen Seiten seines »Manhattan Transfer«.

Die Großstadt zu Sprache machen, den Moloch versprachlichen, die Stimmen komponieren und wieder zerreißen, die Zerrissenheit der Welt formen, die FORM dekonstruieren, das war mir neu, trotz »Berlin Alexanderplatz«, das mir, bei aller Bewunderung, nie ähnlich radikal erschien. Und ja auch Jahre später erschien.

Ein Mann kommt in die große Stadt, eine Stadt verschlingt den Mann, der Mann bringt sich um, die Stadt bringt ihn um. Er verschwindet nach wenigen Seiten, als wir ihn weiter begleiten wollen, die Stadt reißt ihn aus unserer Lektüre, die Stadt zerstört unsere Lektüre. Und es ist ein Mann, wie ihn Faulkner hätte erschaffen können, ein Mann vom Land, der mit Schuld in die Stadt kommt, der als Mörder in die Stadt kommt, dessen innerer Stimme wir lauschen, dessen innere Stimme wir wieder verlieren in den

Stimmen dieser Stadt. WERBUNG dringt ein in die Sprache Dos Passos'. Der Film dringt ein in die Sprache Dos Passos'. Die Bilder knistern und bekommen Risse.

Später, in seiner Trilogie »U. S. A.« wird er dieses filmische Verfahren das Kamera-Auge nennen, the Camera Eye. Wird versuchen, das Prinzip des »Manhattan Transfer« von der Stadt, von New York City, auf das ganze Land auszuweiten, aber da war er schon, so meine ich, nicht mehr ganz so radikal in der Zersplitterung von Bewusstsein und Wahrnehmung, obwohl auch diese drei Bücher beispiellos dastehen in der amerikanischen Literatur. »Der 42. Breitengrad«, »1919«, »The Big Money«.

Dort trennte er die einzelnen Blöcke, ließ sie weniger in- und auseinanderfließen.

Aber auch in »U. S. A.« ist die Flut der Stimmen und Biographien überwältigend. Norman Mailer, dessen gewaltiger Roman »Die Nackten und die Toten« die Stilmittel Dos Passos' aufgreift, nennt die Lektüre von »U. S. A.« seine schriftstellerische Erweckung. Am Anfang war Amerika.

Ich las »Manhattan Transfer« das erste Mal in einem winzigen Nest namens Augustenberg, in Mecklenburg, 1997 oder 1998. Ganz in der Nähe, in Güstrow, hatte Uwe Johnson gelebt. Meine Großeltern hatten zwischen Güstrow und Krakow am See, in Augustenberg, benannt nach Auguste, der Tochter eines Gutsbesitzers, Anteile an einem Bauernhaus, dort verbrachte ich die Sommerferien meiner Kindheit, ohne zu wissen, dass Uwe Johnson, der stille Käpt'n der ÄKSCHN GMBH, in Güstrow und Umgebung Teile seiner Kindheit verbracht hatte. Als ich später die »Mutmaßungen über Jakob« las, erkannte ich Faulkner und Dos Passos.

MONTAGE, MONTAGE! Rief es in mir, als ich dem »Manhattan Transfer« und später den »Mutmaßungen« begegnete. Und es war mir klar, dass das die MODERNE ist, dass so die Moderne aussah, aussehen musste. MONTAGE, MONTAGE, COLLAGE UND DEKONSTRUKTION! Die BIG BANGS rollen sich durch die Zeit, was WK I zerriss, wird heute wieder anders zerrissen bzw. zerreißt *anderes* anders, EUROPA ENDLOS, Kriege endlos, NETZE ZERREISSEN ENDLOS, für mich existierte nie eine POSTMODERNE, alles beginnt bei Dos Passos, beim »Manhattan Transfer«, wie soll man anders erzählen, dachte ich, wo ich doch kurz zuvor dasselbe noch bei Hemingway gedacht hatte. Natürlich montierte auch schon Melville, unglaublich radikal für seine Zeit, mythologisches und realistisches Erzählen vereinend, der große Untergang im MALSTROM, war der weiße Wal bei Dos Passos die Stadt, oder the big money, die Hochfinanz, war der UNTERGANG der große Krieg der weißen Männer, in dem er selbst gewesen war? Dessen Heimkehrer er in »Manhattan Transfer« und »Der 42. Breitengrad« und »1919« beschrieb? (HATTEN WIR SCHON, macht aber nichts.)

Dos Passos sammelte die Überreste von Toten auf, die bei der Explosion einer Munitionsfabrik in Frankreich, wo er als Sanitäter freiwillig diente im WK I, ums Leben gekommen waren, das habe ich mal irgendwo gelesen, kann das in unserer Moderne aber nirgends finden in den Netzen der Informationen, die uns alle zerreißen. *Dem Grund zu, wir zerrn an den Strängen/dem Grund zu, wir zerrn an den Strängen …*

Dos Passos sammelte also all diese Glieder und Überreste auf, sah die Überreste Europas und sah dann die Türme seiner neuen/alten Welt NEW YORK CITY, U. S. A., voller Überreste, Hemingway versuchte, dieses Chaos zu klären, zu entwirren, Dos Passos machte es zu seiner Ästhetik. PENG! SIE SIND – BLUBB, wie es Jahre später Donald Duck ausdrückte.

Fitzgerald, ein weiteres Mitglied der glorreichen Sechs, der WILD BUNCH, flüchtete sich in die Romantik, die er versuchte neu zu erfinden mit den Mitteln des Jazz, bevor es den Swing überhaupt gab. Auch er wollte RÜBERMACHEN 1917 zu den großen Schlachten, kam aber, ähnlich wie Faulkner, zu spät, paradierte aber noch lange ZU HAUSE (Heeme ist's doch am schönsten) in seiner Uniform, um die Mädels, vor allem seine Zelda, zu beeindrucken.

The Great Gatsby geht auf die Spuren des BIG MONEY, der Hochfinanz, dekonstruiert den amerikanischen Traum in einer romantischen Elegie, den Traum, den auch die Figuren, die Helden, die Verlorenen bei Dos Passos inmitten des Chaos der Moderne träumen. Das berühmte grüne Licht …

»Während ich so dasaß und über die alte, nie gekannte Welt nachbrütete, musste ich daran denken, was für ein Wunder es für Gatsby bedeutet haben mochte, als er zum ersten Male das grüne Licht an Daisys Landesteg erspähte. Er war von weither an dieses blaue Gestade gekommen, und plötzlich schien ihm sein Traum so nahe gerückt, dass er nur zuzugreifen brauchte. Aber er wusste nicht, dass der Traum längst hinter ihm lag, weit zurück in dem unermesslichen Dunkel jenseits der großen Stadt, wo die schwarzen Gefilde der Staaten unter nächtlichem Himmel wogten.

Gatsby glaubte an das grüne Licht, an die rauschende Zukunft, die Jahr um Jahr vor uns zurückweicht. Sie ist uns gestern entschlüpft, doch was tut's – morgen schon eilen wir rascher, strecken weiter die Arme.

Und eines schönen Tages …

So regen wir die Ruder, stemmen uns gegen den Strom – und treiben doch stetig zurück, dem Vergangenen zu.«

Und in »Manhattan Transfer«:

Ein Nickel vor Mitternacht, und du hast dein Morgen … reißerische Schlagzeilen, eine Tasse Kaffee im Automatencafé, eine Fahrt nach Woodlawn, Fort Lee, Flatbush … Ein Nickel in den Schlitz, und du hast einen Kaugummi. Somebody Loves Me, Baby Divine, You're in Kentucky Juss Sure As You're Born … *übel zugerichtete Foxtrottmelodien wanken auf die Straße, gefolgt von Bluesstücken und Walzern* (We've Danced the Whole Night Through), *die flirrende Erinnerungen verströmen … In der Sixth Avenue, in der 14th Street gibt's noch immer mit Fliegenschiss gesprenkelte Stereoptikons, wo man sich für fünf Cent das vergilbte Gestern ansehen kann. Neben dem knatternden Schießstand beugt man sich zum Geflacker:* Ein Heißer Abend, Der überraschte Junggeselle, Das gestohlene Strumpfband … *ein Papierkorb voll zerrissener Tagträume … Ein Nickel vor Mitternacht, und du hast dein Gestern.*

Das Individuum bei Dos Passos verschwindet, Gatsby ist noch greifbar, auch wenn er nicht greifbar ist.

Wer ist heute noch greifbar im Strom des BIG MONEY, grünes Licht wird rotes Licht, stopp STOPP, der Transfer reißt alles und alle mit sich. Ohne den Transfer auch kein William S. Burroughs, im Prinzip ist Dos Passos der erste Cut-up-Poet, bzw. bereitete er diese Technik, diese Ästhetik vor.

Von Winesburg, Ohio, nach New York City, U. S. A., nach DOS-PASSOS-LAND, NACH BURROUGHS-LAND (HATTEN WIR SCHON. NO SIR! UND WENN SCHON, SIR, die Silberfäden kennen nur die permanenten Wiederholungen, die natürlich VARIATIONEN sind, SIR), E. E. Cummings ein weiteres Mitglied der glorreichen Sechs, ein ein wenig in VERGESSENHEIT geratener APOKALYPTISCHER REITER der Moderne (und so trifft sich alles irgendwie, KOMPOSITION DES CHAOS), erkennt in seinem UNGEHEUREN RAUM, in seinem Roman »The Enormous Room« DIE STADT, erkennt den BRUDER Dos Passos in seiner Heimkehr aus dem Krieg, in den Krieg, die verlorenen Söhne Dos Passos und E. E. Cummings in ihrer Heimkehr ins verlorene Land:

»Die große, unmöglich große, unvergleichlich große Stadt, die ins harte Sonnenlicht empordrängte, leicht aneinandergelehnt in den Oktaven ihrer parallelen Konturen, drängte aneinandergelehnt empor ins feste, harte, schneeige Sonnenlicht; die Laute Amerikas, sie näherten sich im Pulsschlag von Rauch und wimmelnden Punkten, die Männer sind und Frauen sind und Dinge sind, die neu und seltsam und hart und fremd und schwingend und riesig sind, steigen mit großem Wellenschritt geradenwegs ins unsterbliche Sonnenlicht ...«

Und in New York wandere ich durch die Stimmen, wandere zu Uwe Johnsons Haus am Riverside Park, Hemingway wanderte mit Dos Passos durch Spanien und Deutschland, bis sie sich während des SPANISCHEN BÜRGERKRIEGES zerstritten, in dem Dos Passos' Übersetzer und Freund José Robles erschossen wurde, weil einige der Republikaner glaubten, er wäre ein Spion, was der wirre Papa entschuldigen wollte. WENN'S DOCH ALLES SO EINFACH WÄRE … Stalins Politkommissare zerstörten den Traum der Republik.

Nachts wandere ich zu den Fähren und suche DOS, S. O. S., we need D. O. S.

In Mecklenburg erkenne ich die Fragmente der Welt. Einen Großstadtroman schreiben, bestehend nur aus Stimmen, alle INFLUENZEN aufnehmen, die die Stadt ausschüttet, in den Text montieren, keine stringente Handlung, Kamerafahrten durch Straßen, keine Linearität, Cut-up von Stimmen und Geräuschen und Gefühlen.

Am Broadway ist es dunkel. Dort ist ein kleiner Hügel, manchmal scheint es mir, dass ich in den Seitenstraßen Berge sehe, also an den Enden dieser Seitenstraßen, weit weg. Vor McDonald's steht ein einsamer Schwarzer, dem ich keine Dollars geben kann. Vor der Wall Street ein paar Zelte. Bevor der Winter kommt, werden sie weg sein. Unten am Meer leere Flächen. In einem Rollstuhl neben einer Parkbank sitzt ein Mann ohne Kopf. Direkt am Wasser. Die Hände auf der Decke. Wie ein Poncho. Aber dann sehe ich ein Loch im schmutzigen Stoff, wo sein Mund ist. *Noodles, ich kann nicht mehr.*

AMERIKA IST NOODLES in the role of ROBERT DE NIRO, ist CHARLES BRONSON, Dr. Bronson, in the role of Dr. Bronson. EIN MANN SIEHT ROT. ES WAR EINMAL IN AMERIKA. Vorfahren weit im Osten Europas. Amerika ist FORT KNOX, »Goldlager. Nicht der Goldsucher ist wichtig, sondern das Gold.«, AMERIKA ist »Massenindividualismus. Totalstes Gefängnis. Arbeitslager ›Ich‹«. Ist COMICFIGUR in diesen Sätzen, die gar nicht auf Amerika gemünzt sind. Ist Karl Mays Traum. Ist Baracken-Obama. Langbartträger Fidel vs. Langbartträger Osama. Der ist tot. Guantanamo macht alle froh, DONALD DUCK: »Nix da! Erst essen Braten, dann maken Geschäfte.«

Amerika ist Amerika in Sachsen, ist Hemingway ist Faulkner ist Dos Passos ist E.E.Cummings ist Scott Fitzgerald ist Thomas Wolfe, the real Thomas Wolfe, zu früh gestorbener Verfasser großer Werke wie »Schau heimwärts, Engel!«, »Es führt kein Weg zurück«, »Of Time and the River« …, nicht zu verwechseln mit dem neuen Tom Wolfe, der nur weiße Anzüge trägt und langweilt, Amerika ist langweilig wie Jonathan Franzen, sich badend im gediegenen Erzählen ---

Ist JESUS' SON von Dennis Johnson, HOT HOT, 1990, nach der Wende kaufe ich eine Kassette der Countryband TRUCK STOP. Ich sah sie in einem Schaufenster und dachte Truck Stop, das sind die Weiten AMERIKAS.

Congo, der Alkoholschmuggler in »Manhattan Transfer« ist nicht verwandt mit Kongo-Müller, dem Söldner. Der hat Schrumpfköpfe gegen money getauscht. Oder so ähnlich.

Hinter dem Mann ohne Kopf das *National Museum of the American Indian*. Dort hängt die Streitaxt, die Tecumseh einst einem amerikanischen General überreichte. Ich höre meine Schritte in den leeren Gängen und Ausstellungsräumen. Höre Dos Passos' Schritte überall in dieser Stadt.

Ein Rätsel bleibt: Warum der Meister Dos Passos, der die Literatur so sehr verändert hat, jahrelang wurde er in einem Atemzug mit Joyce genannt, es gibt die Anekdote, dass viele Teilnehmer eines marxistischen Literaturkongresses Ende der 20er, wo es auch um die Frage ging, wie umzugehen sei mit dieser Moderne, ob sie dekadent sei, nicht der SACHE diene, Lukácz, dem wir ja schon begegnet sind auf den Reisen der ÄKSCHN GMBH, lehnte Joyce/Dos Passos ja anfangs vehement ab, viele der Teilnehmer dachten, es würde sich bei der Sache Joyce/Dos Passos um die Person Joyce Dos Passos handeln, mein Name ist Dos Passos, Joyce Dos Passos ... Ein Rätsel bleibt also: Warum ist nach »Manhattan Transfer« und der Trilogie »U. S. A.« nichts ähnlich Bedeutendes mehr entstanden. Nichts. Unzählige Romane, Erzählungen ..., aber alles nur gediegenes Geplänkel. Hatte er sich selbst ausgebrannt, als er die Moderne erfand?

5

Truck Stop: Ich bin Cowboy.

Register

Retsina

Retsina is a Greek white (or rosé) resinated wine, which has been made for at least 2000 years. Its unique flavor is said to have originated from the practice of sealing wine vessels, particularly amphorae, with Aleppo Pine resin in ancient times. Before the invention of impermeable glass bottles, oxygen caused many wines to spoil within the year. Pine resin helped keep air out, while at the same time infusing the wine with resin aroma. The Romans began to use barrels in the 3rd century AD, removing any oenological necessity for resin, but the flavor itself was so popular that the style is still widespread today. (aus: »English for you«, Lesson 24)

Retsina ist eines der Lieblingsgetränke der Äkschn GmbH. Gut gekühlt wird er auf Deck genossen. Seine Herkunft und Geschichte sind sehr interessant. Schon die Kreuzfahrer tranken Retsina auf ihrem Weg ins Heilige Land. Einige blieben sogar in Griechenland und widmeten sich der Herstellung und dem Genuss von Retsina statt der Suche nach dem Gral. Schon im 3. Jahrhundert nach Christus wurde das Chaos im oströmischen bzw. byzantinischen

Reich nicht nur, aber auch durch Retsina verursacht. Die Muselmanen, die ab dem 7. Jahrhundert vor den Toren lauerten, waren im Vorteil, denn sie tranken keinen Alkohol.

Im Zuge der sogenannten Griechenlandkrise ist Retsina wieder in die Schlagzeilen geraten. Durch exzessiven Retsina-Konsum will die Äkschn GmbH ihrer Solidarität mit Griechenland Ausdruck verleihen.

Günther Meyer
Deutscher Künstler, vor allem bekannt durch seinen Auftritt in der verschollenen fünften Vorlesung der Frankfurter Poetikvorlesungen 2015. Trinkt gern Retsina.

Arbeitete in den 80er Jahren als Straßenbahnfahrer bei den Berliner Verkehrsbetrieben.

Er stellte fest, dass im Bremssanddepot ein Mann wohnte, ein ehemaliger Mitarbeiter, der dort sogar einen Fernseher und andere Möbel aufgestellt hatte, was über Jahre unbemerkt blieb. Der Sozialismus war zum Stillstand gekommen, und die Menschen hatten andere Sorgen, als das Bremssanddepot nach illegalen Lebensformen zu durchsuchen.

Mein Freund Charles
Charles Bronson, amerikanisch-litauischer Künstler. Nicht zu verwechseln mit dem britischen Gangster Charles Bronson, der sich nach Charles Bronson benannte und einen Großteil seines Lebens im Knast verbrachte.

Schon Udo Lindenberg wusste um den Trost, den Charles Bronson den Menschen geben kann, vor allem den Einsamen. Denn *Lonesome are the Braves*.

Charles Bronson ist der Chefgraphologe der Äkschn GmbH, er entschlüsselt nicht nur die Valachi-Papiere, bekannt aus dem gleichnamigen Film »Die Valachi Papiere« und dem Roman »Im Stein«, Charles' Faust entschlüsselt alles. Obwohl sich auch im bartlosen Frühwerk Charles Bronsons bedeutende Filme finden lassen, wie »Once Upon a Time in the West«, manifestierte sich seine Brillanz erst, als er sich einen Schnurbart wachsen ließ. Bronson war eine Statue. Er meißelte sich selbst aus dem Fels und erhob sich, um zur Legende zu werden.

»... er hätte gerne noch weitergeträumt von sich und Charles Bronson, ja, Charles ist sein Freund.« (aus Udo Lindenbergs Lied »Cowboy Rocker«)

Endlich Montagskino

Wichtiger Slogan der Äkschn GmbH. Noch einmal innehalten beim Montagskino im ZDF, Thriller, Krimi, Drama, Action, bevor Behörden und Verpflichtungen brutal eingreifen und die Woche regulieren.

Das Montagskino ist eine Legende, keiner weiß mehr, wann es begann. Es war wohl immer schon da.

Hubert Fichte

Einer der größten deutschen Schriftsteller. Nutzte Dokumentarisches genauso wie eine fast schon fiebernde Sprache, Cut-up, Musik, Wortspiele, ein absoluter Stilist, ein Forscher, St. Pauli, Afrika, Feuersturm von Hamburg, Eros und Thanatos.

Ein Teilstück seines Romans »Die Palette« wurde von der Gruppe 47 verrissen.

»Die Mysterien finden an den Bahnhöfen statt«, sagte Beuys. Stricher, Trinker, Transen mit eintätowierter KL-Nummer sind bei Fichte genauso Personal wie die Literatur, die Geschichte, Kunst …, und natürlich Wolli Indienfahrer, ein Bordellbetreiber, Literaturkenner …, kaum in Worte zu fassen, nur von Fichte selbst. Fichte ist auch groß, weil er nicht unterteilte und wertete und nichts ausschließt, für ihn war Mensch Mensch, Sujet Sujet, so simpel das auch klingt. Fichtes Welt scheint untergegangen. Aber wir finden sie in seinen Büchern, so wie die verlorene Zeit bei Proust, und in den Ritzen der Städte, immer noch.

Sherlock Holmes

Großer Denker und Philosoph, Meister der Deduktion. Wäre wahrscheinlich wahnsinnig geworden in den Zeiten des Netzes und Facebooks. Obwohl die Fernsehserie mit Cumberbitch anderes behauptet. Trotzdem gut, dieser Cumberbitch. Ein guter Holmes-Schüler.

Meine These ist, dass Dr. Watson Moriarty ist. Keiner war jemals so nah bei Holmes. Watson wird notorisch unterschätzt. Er verfügt über das nötige Wissen, ein Syndikat zu erschaffen und mit Informationen zu versorgen. Er ist, in seiner Loyalität zu Holmes, eine zutiefst gespaltene Persönlichkeit, denn zugleich litt er auch unter Minderwertigkeitskomplexen, die ihn die Figur Moriarty und ein gewaltiges Syndikat von Verbrechern erschaffen ließ.

Der französische Schriftsteller Maurice Leblanc konfrontiert seinen Meisterdieb Arsène Lupin mit einem Meisterdetektiv namens Herlock Sholmes. Arsène Lupin:

»Sholmes? Ich muss zugeben, dass er Format hat.«

Leblanc, der leichtfüßige Romancier, der bisweilen selbst in den Lupin-Geschichten auftaucht und wieder verschwindet, sieht den Meisterdetektiv so: »Das ist Herlock Sholmes, ein Phänomen von Intuition, Beobachtungsgabe, Hellsichtigkeit und Scharfsinn. Man könnte glauben, dass die Natur sich einen Spaß gemacht hat, aus den beiden außergewöhnlichsten Kriminalbeamten, die die Phantasie je erfunden hat, dem Dupin von Edgar Allan Poe und dem Lecoq von Gaboriau, einen nach ihrer Art zu schaffen, der noch außergewöhnlicher, noch unwirklicher ist. Und man fragt sich wirklich, wenn man die Erzählungen der Heldentaten hört, die ihn in der ganzen Welt berühmt gemacht haben, ob dieses Herlock Sholmes keine legendäre Person sei, ein Held, der lebend aus dem Gehirn eines großen Romanschriftstellers, eines Conan Doyle zum Beispiel, entsprungen sei.«

Truck Stop

Country-Legende. Geniale Musiker. Geniale Songs. »Ich bin Cowboy, weil ich's bin.«

Das ist auch eine Absage an die große Interpretierungs- und Erklärungswut, die die Äkschn GmbH so ermüdet, eine Absage an jegliche intellektuelle Spinnerei von Metaebenen. »Ich bin Cowboy, weil ich's bin.«

Als Cisco, alias Günter Berndt, am 31.12.2014 starb, hörte ich eine Nacht nur Truck-Stop-Platten und trank Pennypacker-Bourbon-Whisky.

Direkt nach der Wende kaufte ich meine erste Truck-Stop-MC, Greatest Hits. Kurz danach kaufte ich mir einen Cowboyhut und eine Fransenweste. Hohn, Spott und jede

Menge Dresche auf dem Weg zur Schule ließen mich mein Outfit wieder ablegen. Später kam auch der Techno. Aber Truck Stop ist geblieben, meine Oase, wo ich auf der langen und beschwerlichen Autobahn des Lebens immer wieder einkehre.

»Take it easy, altes Haus, mach dir nichts draus / und schlaf dich erst mal richtig aus, bleib zu Haus. / Morgenstund' hat Gold im Mund, / doch damit siehst du auch nicht besser aus. / Take it easy, altes Haus, wer morgens länger schläft, / hält's abends länger aus. / Fang deinen Tag doch später an, / dann bleibst du länger dran.«

Mr Kurtz Gatsby

Entdeckte das Grauen und den amerikanischen Traum. Glaubte an Frau Tod, die wie Frau Holle die Betten ausschüttelt. Starb im Swimmingpool und auf dem Strom ins Herz der Finsternis. Ein Schmuggler, ein Händler. Glaubte an das grüne Licht und an das grüne Barett. Liebte Daisy Duck. Wurde vom wütenden Donald erschossen. Lebte im Dschungel Afrikas und im Dschungel Amerikas.

Sam Peckinpah

Großer amerikanischer Künstler. Meister der Montage. Die Studios verstümmelten seine Filme oft bis zur Unkenntlichkeit, wodurch er schwer herzkrank wurde und früh vergreist starb.

2005 schaute ich mir »Pat Garrett & Billy the Kid« in einem Leipziger Programmkino an.

Es war eine der zerschnittenen Versionen, in denen fast die gesamte Poesie des Films verlorengeht. Das komplette

Intro fehlt, wo wir in Schwarzweiß-Bildern sehen, wie der alte Pat Garrett erschossen wird, in den Zeitlupensequenzen seines Todes sehen wir ihn plötzlich wieder jung und in Farbe in eine Stadt reiten, in der sein Freund Billy, den er am Ende des Films erschießen wird und muss, um zu überleben (»Ich will alt und grau werden, Billy«), schon auf ihn wartet. DIRECTED BY SAM PECKINPAH.

Dazu der geniale Dylan-Soundtrack. »They say this Pat Garrett will get your number …«

Meister der Montage. Ich begann laut zu pöbeln im Kino. Es gibt doch seit Jahren die sogenannte Turner-Fassung, die fast der Vorstellung Peckinpahs entspricht.

»Wo ist Billy?« Und der sterbende Outlaw, der Billy nicht verraten will, flüstert: »Paris, Frankreich.« Großes Kino. Ich wurde wieder laut, weil auch das fehlte im Jahr 2005. Ich bekam Hausverbot in diesem Kino.

Der heilige Peckinpah war über mich gekommen, in mich gefahren. Hallelujah!

»Die Zeiten habe sich geändert, Billy.«

»Die Zeiten vielleicht, Pat. Aber ich nicht.«

Charlie und Buster

Manche Leute behaupten, Buster Keaton wäre der größere Künstler als Charlie Chaplin.

Chaplin ist der King. Er hat alles verändert. Buster, der Teufelskerl mit dem legendären Stone-Face, hat zweifelsohne einige sehr gute Action-Filme gedreht.

Charlies Komik ist immer an der Grenze zur Tragik, man möchte weinen, wenn man »City Lights« sieht oder »Circus« oder »Goldrausch«.

Eine Zeitlang verehrte ich Harold Lloyd, den weniger Bekannten des großen Stummfilmtrios Chaplin – Buster – Lloyd. Was wir heute noch wissen, ist, dass er einmal an den Zeigern einer Uhr hing, hoch oben an einem Turm.

Bücherinsel

Legendärer Ort, an dem (auch) alles begann beziehungsweise sich weiter formte.

Befand sich jahrelang im Leipziger Osten, einige Zeit sogar in der Oststraße, wo auch mal Erich Loest gewohnt hat.

Als ich in der zweiten Hälfte der 90er auf dem Bau arbeitete, trug ich meinen Tagelohn nach Feierabend oft in die Bücherinsel. Obwohl meine Arbeitskleidung stets noch staubig war (ich liebte es, mit den Zeichen meiner Arbeit nach Hause zu fahren, Staub in den Haaren), hieß man mich willkommen, und ich verbrachte oft Stunden in der Literatur, sondierte, sortierte aus, las an und kaufte. Die großen Realisten bildeten das Fundament. »Verlorene Illusionen«, die ich dann in der Jugendarrestanstalt Zeithain las, »Glanz und Elend der Kurtisanen«, der teuflische Vautrin begeisterte mich, ein Verbrecher-Agent-Hochstapler-Mörder-Polizist.

Tolstoi stand lange über allen. Ich studierte »Krieg und Frieden« und versuchte herauszufinden, wie und wann die Prosa detailliert sein muss und wie und wann verallgemeinernd die Zeit rafft …

Parallel entdeckte ich die Moderne in den Regalen der Bücherinsel.

Vierzig Meter, vierzig Gewehre

Über vierzig Meter war die Rolle lang, auf die Jack Kerouac die Urfassung von »On The Road« tippte. Ein gewaltiger lyrischer Cut-up-Fluss, Burroughs, Allen Ginsberg, der Mythos Amerika, Neon-Poesie. Kein Vergleich zur geschnittenen Fassung.

Vierzig Gewehre befehligt Lady Jessica Drummond, vierzig Männer schießen scharf für Lady Drummond, verteidigen ihr Imperium aus Vieh und Weideland. Regisseur Sam Fuller war ein dürrer Geist wie Burroughs und wie Old Death. Drehte 1972 den Tatort »Tote Taube in der Beethovenstraße«. In »Im Stein« gibt es das Kapitel »Tote Taube in der Flughafenstraße«.

Jack Kerouac fährt durch die endlosen Prärien, Babara Stanwyck steht am Straßenrand.

Sie ist schon fünfzig Jahre alt in »Vierzig Gewehre«. Was man ihr aber nicht ansieht. In »All I Desire« von Douglas Sirk trifft Barbara Stanwyck nach vielen Jahren eine verflossene Liebe. Die verlorenen Illusionen. Er ist ein erfolgreicher Spielzeugfabrikant inzwischen. Der amerikanische Traum. Inmitten von Blechrobotern küssen sie sich wieder.

Möglichkeiten

Die Äkschn GmbH bleibt unter ihren Möglichkeiten, war die Kernaussage eines Zeitungsartikels über die verschollene und hier in Fragmenten wieder aufgetauchte 5. Vorlesung.

Das ist ein Irrtum: Die GmbH verfügt über keinerlei Möglichkeiten. Sie ist untergegangen. Ihre Themen waren Thüringer Klöße versus Thüringer Rostbratwurst, Retsina, die Analyse des Reiches Gauselmann (siehe »Gauselmann«).

Die GmbH weiß um ihr Scheitern. Die Ästhetik des Untergangs ist ihr lieber als die wohlfeile Ästhetik des Risikolosen.

Ein weiterer Irrtum ist, die GmbH würde mit einem Knall versinken, Feuer frei! Nein, zu den Formen des Untergangs gehört auch die Qual durch scheinbare Absichtslosigkeit, permanentes Retardieren etc.

Es ist eine Tragödie, dass die GmbH immer nur mit Paukenschlägen assoziiert wird. Sie liebt doch die Stille. Wenn das Meer sich über den Versunkenen glättet.

Sah ein Knab ein Röslein stehn

Eines der Lieblingslieder der GmbH.

Als sie einmal, zum wiederholten Mal, unterging, saß die ganze Mannschaft, Männer wie Frauen, auf dem sich immer schräger stellenden Deck, sie hielten sich aneinander fest und sangen, dass es weit über das Meer hallte. »Knabe sprach: ›Ich breche dich …‹, Röslein sprach: ›Ich steche dich …‹ Musst es eben leiden. Röslein, Röslein, Röslein rot, Röslein auf der Heiden.«

KuBa

So wurde Kurt Barthel von den Genossen genannt, von seinen Freunden genannt, bevor jemand wissen konnte, dass die Revolution auf Kuba siegen und Fidel Castro die Unsterblichkeit erlangen würde.

Lernte in der Immigration Louis Fürnberg kennen, der nach dem Krieg gebrochenen Herzens in Weimar starb und den man häufig nur mit seinen Partei- und Stalingedichten in Verbindung bringt (»Die Partei, die Partei, die hat immer Recht ...«), dabei war Fürnberg ein großer Lyriker in seinen besten und zartesten Gedichten.

So wie in diesem (»Epilog«):

Wenn ich einmal heimgeh,
dort, woher ich kam,
aus den Tiefen der Wälder
und hinter den Ur-Nebeln hervor,
wird mein Heimweh nach der Erde
nicht geringer sein.
Ich werde keine Ruhe finden
und mit dem Staub kämpfen,
der tun wird, als wäre er meinesgleichen.

Mit den ersten Schneeglöckchen werde ich
auf den Wiesen stehn,
die noch gelb sind vom Winter.
Mit den Maulwürfen
werde ich die Erde aufbrechen über mir.

Wenn ich einmal heimgeh,
dort, woher ich kam,
werde ich ein Fremder sein
an meinem Ursprung.

Nun kann ich schwerlich ein KuBa-Gedicht anhängen. Zu groß wäre der Bruch. Das vielleicht später. Ich weiß nicht, ob KuBa eine tragische Figur war, aber das war er sicher.

Fürnberg aber war auch ein Dichter. Es tut mir etwas leid, KuBa hier so abzuwerten. Er war sicher nicht der Hellste, naiv, ließ sich vereinnahmen, und er war auch kein besonders talentierter Dichter, aber die Zeiten waren schwer und anders. Er ist ein Mensch in unserem Stück.

Es gibt ja sogar Leute, die daherkommen und über Brecht richten aus ihrem Sofa im plüschigen Heute heraus. War ja kein Demokrat. Pfui, Teufel. Nun sind wir vollkommen vom Wege abgekommen. Der arme KuBa wurde von seinen Kollegen in der DDR immer nur belächelt. Es kursierten KuBa-Witze. Man muss sagen, zu Recht. Aber Pfeffer hat sein Gehämmer schon. Man kann das heute vielleicht mit einem Lächeln betrachten, auch wenn die Mundwinkel einfrieren bisweilen.

KuBas Tod im »Spiegel« (1967):

»Wieder nach Westen zog Kuba auch in diesem Jahr. Zur Feier des sowjetischen Oktoberfestes stellte er aus eigenen und anderen Werken eine Revolutions-Revue zusammen, mit der das Rostocker Volkstheater linksorientierte Bundesbürger erfreuen sollte. Titel: ›50 rote Nelken‹.

Am vorletzten Sonntag trat die Kuba-Kompanie auf Einladung der August-Bebel-Gesellschaft im Frankfurter Zoo-Gesellschaftshaus vor 1100 Zuschauern auf. Doch mitten im Programm erhob sich Tumult. Studenten, von der Polizei später als ›Mao-Anhänger‹ bezeichnet, protestierten gegen die nach ihrer Auffassung zu zahmen Texte und forderten das Ensemble auf, Arbeiter-Kampflieder anzustimmen.

Der Aufruhr hatte sich noch nicht gelegt, da sank in der ersten Reihe Kuba vom Stuhl: Dass ausgerechnet Westdeutsche die Texte des roten Revolutionärs nicht rot genug fanden, war für das seit langem kränkelnde, ›rastlose Kämpferherz‹ (›Neues Deutschland‹) offenbar zu viel. Auf dem Weg ins Frankfurter Hospital zum Heiligen Geist blieb es stehen. «

Die Äkschn GmbH bemüht sich um die Aufführungsrechte dieser Revolutionsrevue!

Rambo

Der moderne Frankenstein. Colonel Trautmann und der Krieg waren seine Erschaffer.

Wir müssen unterscheiden zwischen dem Rambo des Romans und dem Rambo der Filme. Im Roman stirbt er. Nachdem er alle getötet hat, die er im ersten Rambo-Film, »Rambo – First Blood«, nur verwundete.

Im vierten Film, »John Rambo«, ist er ein mythisches Wesen geworden, ein Gott des Krieges fast, wie Hephaistos schmiedet er seinen Stahl, seine gewaltige Klinge.

Die Missionare, die mit Medikamenten in den Dschungel von Birma gingen, bekehrt er zur Gewalt. Denn wie anders kann man diesen General stoppen, der alle tötet, Frauen und Kinder, alle. Befreit, den blutigen Stein noch in der Hand, schreit der Obermissionar am Ende seine neue Kraft in den Himmel. Es regnet Blut. Rambo bringt den Menschen das Feuer.

Thüringer Rostbratwurst vs. Thüringer Klöße

Die oft unter Wasser geriebenen rohen Kartoffeln werden ausgepresst und möglichst trocken *Mindestens 15–20 cm lange, mittelfeine Rostbratwurst im engen Naturdarm (Schweinedarm oder Schafsaitling), roh oder gebrüht, mit herzhaft würzi-*

ger Geschmacksnote; Stückgewicht: 100–150 g weiterverarbeitet. Das Auspressen erfolgt mittels einer Kartoffelpresse. Die abgesetzte Kartoffelstärke wird nach einigen Rezepten mit der Reibemasse vermengt. Die weich gekochten, sehr heißen und oft mit dem Kochwasser zu Brei verrührten Kartoffeln werden in einer Emailleschüssel portionsweise mit einem Kloßquirl (traditionell mit einem Astquirl aus einem ehemaligen Weihnachtsbaum) kräftig unter die rohe Reibemasse geschlagen *grob entfettetes Schweinefleisch, Schweinebacken ohne Schwarte, evtl. entsehntes Kalb- oder Rindfleisch für das Brät, nicht umgerötet; die Gewürzmischungen variieren je nach überlieferter Rezeptur oder regionaler Ausprägung,* bis sich der gesamte Kloßteig von der Wand ablöst. Gleich anschließend müssen die Klöße geformt werden und ins heiße Wasser zum Ziehen gelegt werden. In die Klöße werden oft geröstete Weißbrotwürfel gegeben.

Die vogtländischen (original) Grünen Klöße (*grie Geniffte*) bestehen nur aus rohen Kartoffeln. Die geriebene Kloßmasse wird mit kochendem Wasser leicht vermischt (gebrüht), anschließend geformt und ins kochende, *neben Salz und Pfeffer werden insbesondere Kümmel, Majoran und Knoblauch verwendet. […] Mindestens 51 % der verwendeten Rohstoffe müssen aus der Region Thüringen stammen.*

Fettgehalt: 20 % (± 5 %); Analysewerte: Kollagenfreies Fleischeiweiß: Nicht unter 8,5 %; kollagenfreies Eiweiß im Fleischeiweiß: Nicht unter 65 Vol.-% (histometrisch), nicht unter 75 % (chemisch) mit etwas Salz versehene, Wasser gegeben. Dort müssen sie 7 Minuten kochen und anschließend 20 Minuten ziehen. Die Klöße sind dann am besten gelungen, wenn man sie mit der Gabel »abschälen« kann.

Der Thüringer Kloß *Rostbratwurst hat eine jahrhundertealte Tradition. Die erste urkundliche Erwähnung datiert aus dem Jahre 1404. KLÖSSE Im Rudolstädter Staatsarchiv ist eine KLÖSSE Abrechnung des Arnstädter Jungfrauen-Klosters aufbewahrt, KLÖSSE die unter anderem auch einen Posten »darme czu bratwurstin« (Bratwurstdärme) enthält. Das älteste bekannte Rezept ist im Staatsarchiv zu Weimar zu finden. Es stammt aus der »Ordnung für das Fleischerhandwerk zu Weimar, Jena und Buttstädt« vom 2. Juli 1613.* reicht von einer kugelrunden, glatten und festen Form bis zu einer weichen und dadurch flacheren Form und ist nahtlos geformt. Er darf keine kleinen Risse enthalten, durch die Wasser ins Innere gelangen kann. *WÜRSTEL* Wassertemperatur (nicht kochend, nur leicht siedend) und Salzgehalt spielen ebenfalls eine Rolle. Auch ist das Verhältnis der eingelegten Semmelbrösel zur Kloßgröße WÜRSTELMANN bedeutsam, denn es bestimmt das spezifische Gewicht des fertig geformten Kloßes und auch die Dicke der zu garenden Schicht. Die Semmelbrösel *Das Fleisch wird grob entsehnt, entschwartet und mittelfein im Fleischwolf zerkleinert. Danach mischt man die Gewürze dazu und mengt alles zu einer gut bindenden Masse, die man in Naturdärme vom Schwein oder Schaf füllt. Bei einer Länge von ca. 20 cm dreht man die Würste ab, gart sie anschließend, je nach Kaliber eine Minute pro Millimeter Durchmesser bei 75 °C* dienen primär dazu, dass die Hitze nicht bis in die Mitte des Kloßes vordringen muss, da er sich sonst am Rande schon aufzulösen beginnt. Ein perfekt angefertigter Kloß lässt an seinem Schwimmverhalten erkennen *Martin Luther und Goethe geschätzt und bereits 1669 in der Literatur (Grimmelshausen, Simplizissimus) lobend erwähnt. Wegen ihres unverwechselbaren, leckeren Geschmacks ge-*

nießen Thüringer Rostbratwürste. Die Farbe der Klöße hat jedoch keinerlei Einfluss auf ihren Geschmack.

Kloßsack und *Naturdarm*.

Melville-Melville

Schriftsteller und Filmregisseur. Der weiße Wal und Le Cercle Rouge. Gangster tragen helle Trenchcoats. Die Einsamkeit des Jägers, die Einsamkeit des Gejagten. Der weiße Wal ist nicht einsam. Er *ist* einfach nur. Das Weiß ist der Tod und das Nichts und das Grauen. Ahab und Lino Ventura. Le deuxième souffle. Der zweite Atem. Noch einmal alles riskieren. Zu müde zum Aufgeben, zu müde zum Weitermachen. Kodex und Wahn. Belmondo und Ismael. Die Nacht, das Meer. Untergang. Weiß.

Wilhelm Girnus

Kulturfunktionär. Autor des Buches »Wozu Literatur?«. (Blöde Frage eigentlich.)

Mein Großvater schilderte ihn mir im Zuge der Formalismusdebatte in der DDR-Malerei.

Anfang der 50er Jahre, damals war er Student an der Kunsthochschule Burg Giebichenstein in Halle, so:

»Wir haben als krönenden Abschluss des Studienjahres eine Fahrt an die Ostsee gemacht, nach Ahrenshoop, mit Arbeit natürlich. Wir hatten schon das ganze Jahr dazu gespart, es war wirklich wunderbar, jeder wuchs über sich hinaus. Und am Schluss haben wir eine Ausstellung mit den besten Arbeiten veranstaltet. Zu unserem Unglück war aber auch ein Redakteur vom Neuen Deutschland dabei, der ..., na, jetzt fällt mir der Name nicht ein, mit G ...

Und der hatte sich aufgeregt. Da haben wir einen Gesprächsabend anberaumt, und er erschien, links und rechts begleitet von einem Blauhemd. Und der hat uns sofort niedergemacht. Er sagte, dass Studenten einer Kunsthochschule, die von Arbeitergroschen finanziert wird, dass die faule Fische, Steine, schmutzige Boote und so weiter malen, anstatt Arbeiter, die Buhnen ins Meer rammen … Aber wir hatten doch nie einen gesehen!«

Die Gallerte

Raum/Zeit-Phänomen. Bekannt aus dem Roman »Durchzug eines Regenbandes« von Ulrich Zieger. Wenn man in der Gallerte verschwindet, können draußen Stunden, Wochen, Jahre vergangen sein, theoretisch. Aber auch nur Sekunden, während in der Gallerte eine Welt den Besucher für lange Zeit verschlingt. Grotesk ist es dort, ja, grotesk. Aber auch magisch bisweilen, im Sinne jener vergessenen Magie, die jeder irgendwann mal kannte.

Nicht alle Raum/Zeit-Phänomene sind Gallerten. Tigerschlegel zum Beispiel, die sich paaren, sondern ein seltsam blaues Licht ab, in dessen Einfluss sich Zeit und Raum dehnen und wieder zusammenziehen. Es ist aber nicht geklärt, ob man tatsächlich in der Zeit reist oder in eine Art Paralleluniversum.

Bahnhöfe

»Die Mysterien finden an den Bahnhöfen statt«, sagte Beuys. Das scheint lange her zu sein. Reste finden sich aber noch immer.

Bahnhöfe zu beschreiben ist eine Kunst. Das Licht, die

Geräusche, die Höhe der Hallen, die Gleise, die Züge, die Tunnel, die Treppen, die Kneipen und Imbissbuden, die Gammler, die Reisenden, die Tauben, die aufflattern …, die Stimmen, das Licht.

Meisterhafte Bahnhofsbeschreiber waren Wolfgang Hilbig (u.a. in »Das Provisorium«) und Uwe Johnson (u.a. in »Das dritte Buch über Achim«). 3D.

Andere Schriftsteller erschaffen nur Behauptung eines Bahnhofs, keine Atmosphäre, keine Stimmen, kein Echo, nur Kulissen aus Sätzen.

Wieder andere Schriftsteller versuchen sich erst gar nicht an Bahnhofsbeschreibungen. Sie wissen um ihr Scheitern beziehungsweise haben Angst.

Transportpaule

Romanfigur. Transportarbeiter. Hat einen kleinwüchsigen Kumpel und Arbeitskollegen namens Mäcke. Der sprang einmal auf das Geschirrtransportband in der Mitropa, dem Bahnhofsrestaurant. »Wieder ruckte das Transportband an. Verstohlen sah er auf mich, dann hinter sich und, so schnell wie ein Mäuschen, hinauf auf dieses Band. Er machte sich lang, er brauchte ja wenig Platz, und rief: Ich fahre vor!«

Fast hätte die berüchtigte Transportpolizei ihn erwischt, denn die Ordnung der Mitropa wurde gestört. Aber noch auf dem Heimweg ist Mäcke von seiner Tat begeistert.

»Paule! Ich bin vorgefahren!«

Transportpaule ist Paul Gratzik. Schriftsteller, Stasispitzel, Hauptperson des Dokumentarfilms »Vaterlandsverräter«. Heiner Müller geistert als Dichter M. durch den Roman »Transportpaule«, erzählt u.a. die Geschichte, wie er sich einen Monat nur von Mondamin ernährt hat, damals, in den harten Zeiten, bevor er berühmt wurde, die Mondamin-Legende, die später in Müllers Erinnerungen »Krieg ohne Schlacht« auftaucht.

Als Schriftsteller ist Gratzik weitesgehend vergessen. Seine Prosa lebt, wenn man sie heute liest. Erstaunlich. Man gerät in eine Gallerte.

Dr. Sternau

Geheimnisvoller Reisender. Eine der Hauptpersonen in Karl Mays gewaltigem Epos »Waldröschen oder Die Rächerjagd rund um die Erde«.

Dr. Sternau wurde später mehrfach in Belgrad gesehen, unter anderem 2003. Vermutungen, er wäre der Schut, bestätigten sich nicht. Besuchte Dr. May in seiner Zelle auf der Feste Zwickau. Gemeinsam standen sie am Gitter und sahen die Flammen in einer Nacht des Jahres 2011, die ein Tag war.

Dr. Sternau flaniert gerne über den Keleti-Bahnhof in Budapest.

KuBa II

Und taumelnd wie Säufer
nach einer durchsoffenen Nacht –
so stehen die Völker im Morgen. –
Sie gehen nicht – sie wanken! –
Und finden im Schlaf keinen Frieden
und finden im Sieg keine Ruh

und nicht im Besiegtsein,
im Herz nicht und nicht in
Gedanken,
und taumeln wie Säufer
auf andere Saufnächte zu.

Robinson

War allein. Erschuf sich onanierend einen Schwarzen Freitag aus Sand. Ließ seinen ganzen über Jahre angesammelten Schwulst raus, indem er entweder mit dem Meer redete oder mit einem toten Fuchs, den er immer mit »Na, du alter Racker« ansprach.

Vielleicht war Robinson auch nur eine Halluzination des Ferdinand Bardamu. Wir sind auf einer leeren Insel, die Figuren erschafft, um sich nicht zu langweilen.

Céline taucht wie ein Geist plötzlich in der Urfassung von »On The Road« auf, in einer Straßenbahn in Detroit. Und mit ihm Robinson. Das Spiegelbild. Die Parallelverschiebung. Der Tod. Am Ende der Reise steht eine große Trauer. Der dumpfe Signalton eines Schleppers verliert sich in der Weite.

»Mosaik«

Eine monatliche Bilderzeitschrift für Kinder und Erwachsene. Die ersten Exemplare durchblätterte ich im Herbst 1983. Meine Mutter brachte ein »Mosaik«, ich glaube, es war die Nr. 10/1983, vom Einkaufen mit.

Danach lebte ich über Jahre im Kosmos des »Mosaik«, reiste mit den drei koboldähnlichen Abrafaxen durch Länder und Abenteuer. Sammelte die älteren Ausgaben, entdeckte die Vorgänger der Abrafaxe, die legendären Digedags, die 1955 erstmals auftauchten. Träumte Nacht für Nacht den Traum einer kompletten Sammlung.

Ich stellte fest, dass von 1976 (dem ersten Jahr der Abrafaxe) bis 1983 zahlreiche Höhlen im »Mosaik« vorkamen, ganze Tunnelsysteme, geheimnisvolle Grotten, unterirdische Grabkammern, Geheimgänge …, in einer dieser Höhlen reisen die Helden aufgrund einer seltsamen Strahlung, die von Bergkristallen ausgeht, durch die Zeit.

1983 war ein Jahr der düsteren Höhlen. Die meisten der 12 Hefte spielten nachts. In der Mitte des 12. Jahrhunderts in einem düsteren Orient, dessen Himmel immer rot leuchtete. Die drei Abrafaxe suchten eine Flasche mit einem Geist, der ihnen helfen sollte, aus diesem Jahrhundert zu entkommen. Höhlen, Grabkammern, Tunnel. Gallerten, die wir suchen.

Izo

Der Samurai Izo wird gekreuzigt. Jahrhunderte später ist sein zorniger Geist immer noch auf einem Rachefeldzug. Erst gegen seine Feinde, dann gegen die Menschheit, am Ende gegen Gott, den er tötet in einem Haus aus Papier. Er ist zum mächtigen Dämon geworden.

Regisseur Takashi Miike ist ein großer Künstler. Takashi Miike ist ein mächtiger Dämon geworden, aber er muss Gott nicht töten, denn er erkennt die Welt und den Zorn der Kreatur. Im Strom der Zeit sollte Izo verlorengehen, aber er ist immer noch hier.

Reimann

Ein weiser Grantler, dieser Andreas Reimann. Sitzt seit Anbeginn der Zeit in der Stadt L. und dichtet. Kennt die Welt und den ungeheuren Raum. Sächsische Dichterschule. Karl Mickel, Heinz Czechowski, Adolf Endler, Andreas Reimann. Legenden zwischen diesen unseren Steinen. Immer noch da und immer noch hier, der Sänger, der Dichter. Ehrenmitglied der Äkschn GmbH.

»Gräber. Und drüber die seelen. / Irre wird der, der sie zählt. / Alter, beginnst du zu zählen? / Ich zähl seit dem anfang der welt … – / Gräber. Und drüber die gräser. / Und jeder behauene stein / sinkt in erwartung der leser / rasch ins reich augenlos ein.«

Gauselmann

Die Gauselmann AG ist eine familiengeführte, international agierende Unternehmensgruppe der Automatenwirtschaft mit und ohne Geldgewinnmöglichkeit. Das in Espelkamp und Lübbecke (Kreis Minden-Lübbecke) beheimatete Unternehmen entwickelt, produziert und vertreibt Spielautomaten und Geldmanagementsysteme. Die wesentlichen operativen Unternehmen der Gauselmann-Gruppe sind:

ORANGEN Zitronen TAUBEN, Trauben, JACKPOTT-DIAMANTEN, die lustigen Bienchen, DIE GAUSELMANN-SONNE leuchtet über ALLES. Wir sind im Inneren der großen Maschine.

Die GmbH fordert: Gauselmann für Präsident!

Neumann

Mit Wolfgang Hilbig und Ulrich Zieger befreundet.

Sein Roman »Elf Uhr« beginnt in kryptischen Wortkaskaden, die eine Verweigerung entstehen lassen, die eine Welt entstehen lassen, DDR, Ende der 70er Jahre.

Gert Neumanns Roman »Elf Uhr« beginnt mit einer Kryptik, die dann poetisch wird, Klarheit, Wortkaskaden, ein Schlosser in einem Kaufhaus erkennt die Welt, verbirgt sich vor der Welt, öffnet die Türen und schließt die Türen. Jeden Tag um elf. Sätze, Sätze, die sich um dein Hirn schlingen. Kryptik wird Klarheit und umgedreht.

Krabat

Sorbischer Zauberer. Wahrscheinlich ein Kroate (Krawat), der im Dreißigjährigen Krieg kam und bei den slawischen Brüdern, den Sorben, die im Sachsenland leben, blieb.

Kämpfte gegen den schwarzen Müller. Der schwarze Müller ist ein mächtiger Magier, der die Säfte des Landes über seine Mühlenräder laufen lässt, dunkel ist der Strom, der seine Mühle betreibt. Der schwarze Müller ist ein Gestaltenwandler.

In Jurij Brězans »Krabat oder die Verwandlung der Welt« ist er kein Müller mehr, sondern der mächtige Wolf Reißenberg, der auf einem Schloss im Sorbenland wohnt, unsterblich und sterblich durch die Jahrhunderte. So wie Krabat, der Glücksland sucht, der das Mädchen Smjala sucht, der mit einem Müller durchs Land und Zeit reist, dem Müller Kuschk mit seiner magischen Trompete.

Als Kind traf ich Krabat erstmals in Jurij Brězans »Die schwarze Mühle«. Zwölf Müllerburschen dienen dem schwarzen Müller, lernen die dunkle Magie. Das Wasser der Mühle ist schwarz wie Teer. Sieben Jahre bleibt Krabat, der aus einer Kuhle stieg, die ein Meteor in den Waldboden schlug, in der schwarzen Mühle. Sieben Schlösser hat die Truhe des Wissens.

Später ging Krabat als Söldner in die Jugoslawienkriege der 90er Jahre.

Rico Grundmann, ein Ex-Boxer und ehemaliger Häftling, trifft ihn in den Wäldern des Erzgebirges, nahe der tschechischen Grenze. Es soll dort eine weiße Mühle geben.

Fertsch das Ding!
Beliebter Ausspruch der Äkschn GmbH, wenn sie keine Lust mehr hat.